한국폴리텍대학,
평생직업에 마침표를 찍다

한국폴리텍대학,
평생직업에 마침표를 찍다

이경수 지음

모아북스
MOABOOKS

여러분에게 평생직장은 어떤 의미인가?

나는 지난 10년간 한국폴리텍대학에서 근무하면서 진로교육의 중요성을 새삼 다시 깨달았다. 내가 학생이었던 시대만 해도 직업과 관련한 진로교육을 받아본 기억이 없기 때문이다. 그래서 친구들 대부분은 평생 몸바쳐야 할 직업 선택에서 담임선생님이나 부모님의 결정을 선택의 기준으로 삼는 경향이 컸다.

최근 학교 업무로 기업체 인사담당자나 언론사 기자를 자주 만나게 된다. 그런데 이럴 때 하나같이 비슷한 이야기를 듣게 된다. 저녁에 텔레비전을 켜고 뉴스 보기가 두렵다는 이야기다. 사회가 복잡하고 사건사고도 많은 데다 경제 불황과 추락, 물가 폭등 등의 이야기들을 들으면 자신도 모르게 불안해진다는 것이다.

그 말을 듣고 수긍이 갔다. 실로 21세기는 과거와 비교할 때 경제적 불안 수위가 높은 시대다. '지금 가진 직장을 얼마나 유지할 수 있을까, 대

출금을 갚을 수 있을까, 과연 노후 준비를 할 수 있을까' 같은 생계와 미래에 대한 불안감이 한층 커진 시대이기 때문이다.

학생들을 대상으로 직업 및 진로교육이 보다 일찍 체계적으로 실시되어야 하는 이유도 이 때문이다. 경제적 불안이 급상승한 상황에서는 꾸준한 수입을 얻을 수 있는 자신의 직업 지도를 현실적으로 그려나가는 안목이 가장 큰 무기이기 때문이다.

경제의 지각변동은 예고된 진행형이다

대한민국은 1960년대부터 본격적으로 시작된 고속경제성장의 기치 아래 발전을 거듭해왔다. 한 동안은 이 고속경제성장이 지속되는 듯했고 전 세계가 대한민국의 눈부신 성장에 찬사를 던지기도 했다.

그러나 1998년 우리 사회에 예상치 못한 그늘이 드리워졌다. 바로 IMF 였다. IMF는 거대한 자연재해처럼 우리 사회에 크나큰 손실과 함께 엄청난 경제적 지각변동을 몰고 왔다. 급등하는 환율과 재정 부실 등으로 수많은 기업들이 도산했고, 그 기업들의 수백, 수 천 배의 직장인들과 자영업자들이 하루아침에 생계를 잃었다.

이 같은 전 국가적 위기를 극복하기 위해 대부분의 서민들은 상상도 못할 고통을 감내해야 했다. 그리고 이 같은 고통의 세월이 무색하게도, 2008년 또 한 번의 외환위기가 격랑처럼 몰아쳤다.

이 두 번에 걸쳐 닥쳐온 거시경제의 불황은 수많은 사람들로부터 재기의 꿈을 앗아갔고, 성실하게 노력하면 누구나 먹고살 걱정을 하지 않아도 된다는 사회 보편적인 가치관을 완벽하게 뒤바꾸어 놓았다.

즉 경제적 성공과 행복을 위해서는 노력만으로는 부족하며, 미래에 철저히 대비할 줄 아는 지혜와 용기, 나아가 시대의 트렌드를 읽는 힘이 필요하다는 새로운 가치관이 탄생한 것이다. 사실상 이는 농경사회를 거치면서 성실함과 노력을 최고의 가치로 여겼던 우리에게는 큰 재앙과 같은 변화였을 수도 있다.

하지만 모든 사태에는 동전의 양면이 있게 마련이다. 앞선 이 두 번의 위기가 아이러니하게도 이 사회에 한 가지 중요하고 의미 있는 변화를 가져온 것이다.

현실에 맞는 생존법을 찾아야 한다

옛 사람들은 어른이 되려면 반드시 '세상물정'을 알아야 한다고 말했다. 이 세상물정이란 쉽게 말하면 자신이 살고 있는 사회와 세상에 대한 성찰과 반성, 그를 통한 성숙을 의미할 것이다.

그리고 우리가 반드시 짚고 넘어가야 할 '21세기의 세상물정'이 하나 있다. 예전의 '잘사는 방법'이 학벌주의나 엘리트주의 같은 안전한 길을 따라가는 것이었다면, 지금의 잘사는 방법은 이 안전한 울타리를 벗어나 진정으로 '자신의 길을 개척하는 것' 이라는 점이다.

우리는 흔히 "소양과 재능은 하늘로부터 주어진 것" 이라고 말한다. 물론 절반은 맞는 이야기이다. 하지만 더 중요한 건 그 소양과 재능을 그 자신이 얼마나 정확히 알고 개발하는가 일 것이다.

그렇다면 자신에게 맞는 적성과 진로는 어떻게 찾을 수 있을까? 이와 관련해서는 다양한 방법이 있겠지만, 꿈을 키우고 길을 찾아나가는 데도 적절한 지도와 학습이 필요하다는 점을 미리 양지할 필요가 있겠다.

현재 한국폴리텍대학에서 강의하고 있는 내용들도 바로 이 부분과 관련되어 있다. 한국폴리텍대학은 국내 최고의 기술대학으로서 정부 산하에서 운영하는 국책특수대학이기도 하다. 하지만 한국폴리텍대학은 학생들에게 단순히 기능과 기술만 가르치지 않는다. 학생들로 하여금 자신의 미래를 돌아보고 기능인으로서의 자부심을 심어줌으로써, 이들이 사회에서 자신의 위치를 올바로 설정하고 더 큰 목표를 세우면서 물질적으로나 정신적으로나 단단해지고 전문화되기를 독려하는 것이다.

사실 급변하는 세상에서 홀로 싸워나가는 것은 큰 에너지 소모를 유발한다. 반면 앞서서 가시밭길을 걸어간 사람들이 쌓아올린 루트와 시스템 안에서 공동의 숙고를 거듭하면 상황은 달라질 수 있다. 앞선 이들을 거울삼아 훨씬 풍부한 간접 경험을 할 수 있을 뿐만 아니라 진로 고민에서도 보다 현실적인 관점을 가질 수 있기 때문이다.

그런 의미에서 현재 수많은 이들이 한국폴리텍대학의 문을 두드리고 있다는 것은 앞으로 다가올, 아니 현재 진행되고 있는 능력 위주의 사회에서 필히 주목해야 할 현상일 것이다. 어린 학생부터, 심지어는 4년제 대학을 졸업한 이들까지 다시 한국폴리텍대학의 교문을 들어선다는 것은 우리가 사회에서 전문기능인에 대한 긍정적 사고가 싹트고 있음을 보여주는 전조라고 볼 수 있는 것이다.

기능인만이 미래를 설계할 수 있다

내가 근무하고 있는 한국폴리텍대학 화성캠퍼스 기능사 1년 과정의 경우 만 15세 이상이면 학력과 연령에 상관없이 입학지원이 가능하다. 그렇기 때문에 고등학교를 졸업하고 온 어린 학생들만 있는게 아니라, 대학을 졸업하고도 다시금 전문적인 공부를 마치기 위해 이곳을 찾은 이들도 있고, 어쩔 수 없이 퇴직한 뒤 다시 사회생활에 복귀하기 위해 이곳을 선택하는 이들도 많다.

이처럼 연령도 성별도 가치관도 조금씩 다르지만, 이들의 목적은 모두가 비슷하다. 첫째는 확고한 직업과 생계를 위해 전문적인 기술을 갈고닦는 것, 두 번째는 자신을 재발견하고 평생 발전할 수 있는 기능인의 삶을 모색하기 위해서다.

그런 면에서 한국폴리텍대학은 기능을 갈고닦는 시간과 더불어 자신에 대해 성찰하고 나아갈 길을 제시하는 데도 큰 목적을 두고 있으며, 이 같은 교육은 교양과목(직업과 사회, 건강과 능력계발)과 리더십 교육을 통해 구체화 되어 있다. 이 같은 학습 방향이 폴리텍인들의 자부심과 올바른 직업상 구축에 도움이 되리라 확신한다.

이 책은 지난 10여 년 동안의 직업능력개발훈련교사로서의 경험을 토대로 직업교육훈련을 통해 직업인이 되고자 하는 학생들이 삶의 양태와 인생의 목표를 설정하고 행동으로 실천할 수 있도록 돕기 위해 쓰여졌다. 즉 장래 직업을 위하여 스스로의 생활을 지켜가며, 진지하게 수양의 길을 걸어가는 데 필요한 마음가짐과 태도, 건강하고 책임 있는 삶을 가꾸어가는 지도를 제시하고자 한다.

또한 한국폴리텍대학의 학습 방향, 나아가 한국폴리텍대학이 그 노력을 통해 어떤 사회상을 만들어가고자 하는지를 알리고, 한국폴리텍대학에 대한 풍부한 정보와 생생한 학생들의 목소리를 담는 데 주안점을 맞추었다.

이 책은 총 5장으로 구성되어 있으며, 1장은 직업을 갖기 전에 반드시 숙고해봐야 할 우리 시대의 경제 화두를 담았다. 2장은 21세기가 요구하는 인재상과 더불어 다양한 직업의 세계를 개괄해보았다.

3장은 기술과 기능과 더불어 인문·교양적 소양을 교육함으로써 삶의 가치관을 탄탄히 세우도록 하는 한국폴리텍의 선구적 스타일을 소개하고자 한다. 4장은 한국폴리텍대학의 역사를 비롯해 진행되는 커리큘럼 등 실질적인 정보들을 담았다.

마지막 5장은 자랑스러운 폴리텍인들이 직접 쓴 수기를 담아 많은 이들이 그들의 노고와 노력을 살피며 희망을 가지도록 하고 싶었다.

　　한국폴리텍대학의 학생들, 한국폴리텍대학의 진학을 꿈꾸는 이들은 물론, 나아가 한국폴리텍대학을 알고자 하는 이들에게도 이 책이 작게나마 도움이 되었으면 하는 것이 나의 바람이다.

이 경 수

차 례

1 더 큰 세상으로 나아가는 미래의 선택

2 시대의 변화를 이끌어가는 잡 (job)의 세계

3 세상을 바꾸는 폴리텍 스타일

4 한국폴리텍대학은 내 인생의 진로학교

5 자랑스러운 졸업생 사례 - 꿈과 희망을 찾아서

1

더 큰 세상으로 나아가는
미래의 선택

1) 학교를 졸업해도 갈 곳이 없는 현실

최근 대학은 도서관 싸움이 한창이다. 모두들 대학을 졸업하기 전에 토익과 자격증, 다양한 시험 준비 등으로 밤낮 없이 책과 씨름을 한다. 그뿐인가, 더 좋은 스펙을 위해 어학연수를 가고 졸업 전에 졸업생을 대상으로 한 기업연수도 받고, 가능하면 인성평가에 도움이 될 만한 봉사활동에도 나간다.

심지어 대학 4년 동안 공부하는 것만으로도 모자라 1년, 2년 휴학을 하면서까지 이른바 '취업 포트폴리오'를 빼곡하게 채워나간다.

이처럼 요즘 대학은 2년 혹은 4년의 대학 시절 동안 다른 모든 것을 제쳐두고 취업에 매달리는 것이 자연스러운 풍경이 되었을 뿐 아니라, 전공역시 적성이나 재능에 걸맞게 선택하기보다는 얼마나 취업이 잘 되는가에 따라 선호도가 갈리고 있다.

2000년대 대한민국 대학은 이제 공부가 아닌 '스펙'을 위한 취업의 장으로 그 환경과 의미가 변화한 셈이다.

그러나 이렇게 모두가 취업을 위해 사활을 걸지만 아이러니하게도 졸업 후 현실은 더 막막하기만 하다.

88만원 세대의 비극

　　　　　　　　　5년 전 즈음 새로이 만들어진 신조어
가 하나 있다. 바로 '88만원 세대' 라는 신조어다. '88만원 세대' 는 대
학 진학이 곧 취업의 길이었던 고도성장 시대인 70~80년대와 달리, 대학
을 졸업하고도 실업자가 되거나 평균 88만원의 월급을 받는 비정규직이
될 수밖에 없는 요즘 젊은이들의 상황을 대변한다.

　2008년의 통계에 의하면, 우리나라 청소년들의 대학 진학률은 무려
84%에 달한다. 하지만 두 번의 경제위기를 거치면서 촉발된 경제 불안정
과 급변하는 세계정세, 성장동력의 둔화 등으로 현재 수많은 대학 진학생
들이 예비 실업자 대열로 들어서고 있다.

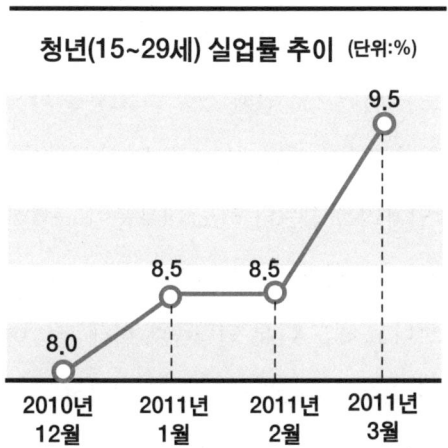

청년(15~29세) 실업률 추이 (단위:%)

　2011년 올해 봄 4월에
발표된 통계청 고용동향
에 따르면 현재 우리나라
의 청년실업률은 9.5%를
돌파해 10% 대에 근접했
다고 한다. 이에 따라 청년
실업자수도 40만 명에 육
박했다.

특히 여기서 심각한 것은 청년층(15~29세) 실업률이다. 가장 왕성하게 사회생활을 시작해야 할 이들의 실업률은 무려 9.5%로 작년 2월(10.0%) 이후 13개월 만에 최고치를 기록했다고 한다. 또한 이 같은 청년 실업률은 전체 실업률(3.3%) 보다 두 배 이상 높을 뿐 아니라 연령별로도 30대(3.4%)와 40대(2.1%), 50대(1.9%)에 비해 월등히 높다. 이는 실업률이 높기로 유명한 일본(7.7%) 독일(8.6%)보다도 높은 수치로서, 이로 인한 청년층의 고통이 가중되고 있음을 보여주고 있다.

취직을 해도 고통은 여전하다

그러나 운 좋게 취직을 한다고 상황이 모두 해결되는 것도 아니다. 올해의 통계에서 가장 주목할 만한 부분은 바로 실질임금의 하락, 그중에서도 취업난으로 인해 가장 큰 고통을 받고 있는 청년층(15~29세)의 임금 수준이 갈수록 악화되고 있다는 사실이다.

이는 취업 대란 영향으로 비록 일자리를 찾는다 해도 대부분이 특별한 기술을 요구하지 않는 저임금 산업에 종사하게 되기 때문이다. 바로 이때문에 청년층들은 설사 취직을 한다고 해도 다른 연령층에 비해 열악한 소득을 올릴 수밖에 없는 이른바 워킹푸어(working poor)로 전락하고 있는 실정이다.

지난 3월 24일 현대경제연구원이 발간한 청년층 임금 수준 보고서에 따르면 전체 근로자의 임금 대비 청년층 임금 수준은 지난 2007년 78.2%에서 2008년 77.5%, 2009년 77.8%, 2010년 75.1%, 2011년 74.3% 등 하향 추세에 있다. 이는 고수익 직장을 찾기 어려운 청년층이 진입장벽이 상대적으로 낮은 도 · 소매업 및 음식점 · 숙박업, 사회복지, 교육 서비스업 등 저임금 산업에 계속 몰리기 때문이다.

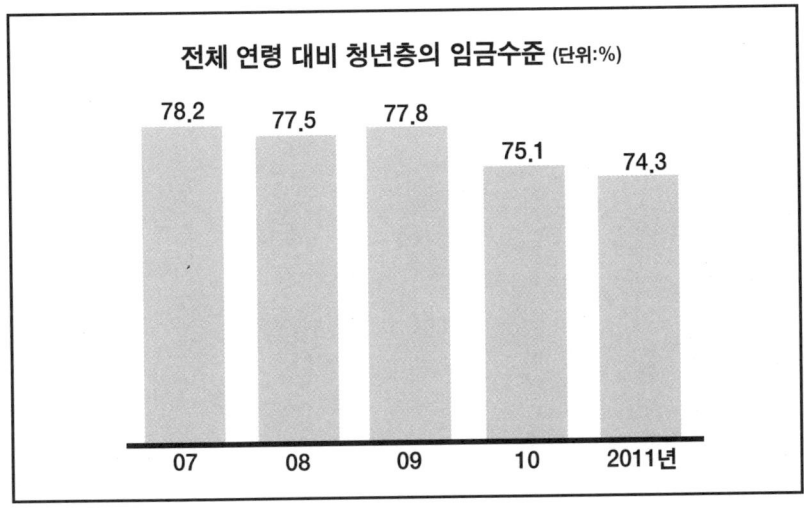

전체 연령 대비 청년층의 임금수준 (단위:%)

78.2 77.5 77.8 75.1 74.3

07 08 09 10 2011년

자료 : 통계청, 현대인

실제로 이 업종에 종사하는 대한민국 전체 근로자의 수는 35%인데, 이들 분야에 청년층의 취업 비중은 46%나 된다고 한다. 나아가 이처럼 넘치는 청년실업자들이 대체한 일자리들은 공급과잉으로 인해 임금 수준이 갈수록 떨어지고 있는 상황이다.

그렇다면 이 같은 현실을 접할 때 대부분의 사람들은 어떻게 생각할까?

매번 면접에서 탈락했다가 애써 취직한 한 20대 구직자가 이렇게 말했다고 생각해보자.

"취직하기도 너무 힘들고, 취직해도 마땅히 길이 없어요."

이럴 때 대부분의 기성세대들은 이렇게 대답할 것이다.

"그러기에 더 학벌 좋은 명문대를 나왔으면 됐잖아?"

그러나 과연 이것만이 이 험난한 세상을 헤쳐갈 수 있는 정답일까? 과연 그럴까?

2) 명문대는 더 이상 보증수표가 아니다

요즘 반값 등록금 논쟁이 한창이다. 그 동안 도서관에 박혀서 스펙 쌓기에 열심이던 학생들이 길거리로 나온 것이다. 나아가 등록금 논쟁은 일반 서민층에서도 큰 공감을 얻고 있다.

그 이유는 다른 것이 아니다. 자식 둔 부모라면 누구나 상상을 초월하는 1인의 교육비에 고생할 만큼 해봐서이다. 초등학교 1학년부터 시작해 고등학교 3학년까지 무려 12년을 공부해서 대학을 들어가도, 그게 끝이 아니다. 1년 등록금 1천만 원 시대에 부모는 자식의 교육비 때문에 눈물을 삼켜야 하고, 학생들은 학생들대로 힘이 든다.

학자금을 마련하기 위해 수없는 아르바이트를 전전하는 학생들이 부지 기수고, 이렇게 빌린 학자금 융자를 갚는 데 졸업 후 일을 시작하면 보통 5~10년씩 걸린다고 한다. 때로는 학자금이 없어서 1년은 휴학하고 아르바이트를 해서 다시 1년 동안 학교를 다니고, 그러다가 연령 제한으로 적당한 취직 자리를 놓쳐 그간의 고생을 헛고생으로 만드는 경우도 보았다.

명문대 신화의 시대는 지나갔다

그렇다면 이처럼 커다란 리스크를 알
면서도 학생들이 대학 입학과 졸업에 목숨을 거는 이유는 무엇일까?

바로 대학을 나와야 좋은 밥벌이를 얻을 수 있다는 신념 때문이다. 특
히 그냥 대학만으로는 부족하니 반드시 '인서울' 또는 '명문대'를 나와
야 떵떵거리는 직업을 얻을 수 있다고 믿는 것이다.

최근 '명문대 신봉주의'의 아성을 뒤흔드는 고통스러운 사건이 발생했
다. 바로 명실공히 국내 최고의 대학이라고 일컬어지는 카이스트와 서울
대 학생들의 연이은 자살이다. 이는 이른바 '하늘의 학교'라는 의미의
스카이 명문대에 들어가서도 여전히 경쟁과 학점, 취직의 압박에 시달린
다는 것을 보여주고 있다.

아니, 나아가 이제는 해외 명문대를 나와도 취업이 쉽지 않은 것이 현
실이다. 실로 최근 명문대 출신들의 취직률이 절반을 밑돈다는 신문기사
들이 앞 다투어 등장하고 있는 것만 봐도 자명한 사실이다.

한 신문사가 2008년에 파악한 대학 졸업생 취직 현황에 의하면, 산업
대학과 기술교육 대학들의 취직률은 80% 이상이었던 반면, 서울 소재의
대학들의 취업률은 50%를 밑돌고 있었다.

엘리트주의의 환상은 버려야 한다

이 통계는 이 사회에서 벌어지고 있는 한 가지 사실을 명확하게 보여준다. 더는 명문대학 졸업장이 직장과 고수익을 보장하지 않는다는 사실, 즉 엘리트주의의 파괴이다.

지난 시대 우리 사회는 엘리트 중심으로 흘러가는 세상이었다. 실력보다는 대학 졸업장이 취직의 보증수표처럼 여겨졌고, 한 번 회사에 자리를 잡으면 오랜 근속연수와 노후를 자연스레 보장 받을 수 있었다.

그런데 지금 닥친 눈앞의 세상은 어떤가? 졸업장 하나만으로 취직에 도전한다는 것은 어불성설이거니와, 아무리 어렵게 들어간 연봉 많고 대우 좋은 직장이라 해도 그 직장이 평생직장이 된다는 보장도 없다. 나아가 어떤 이들은 형식적이고 안락한 엘리트주의를 넘어, 적성과 재능 계발을 통해 전문직의 길을 개척함으로써 더 좋은 직장과 더 큰 수입을 보장받고 있다.

나만의 전문기술을 익혀 전문기술인으로 평생직장을 보장받는가 하면, 쇼핑몰 하나로 억대 수입을 누리고, 튀김집 하나로 몇 억 이익을 남기는 이들도 있다. 반면, 남들이 부러워하는 대학에서 열심히 공부하고도 취직에 실패하는 이들도 부지기수이지 않은가.

나아가 굳이 대학 졸업장이 없어도 관련 분야에 전문지식과 경험이 있으면 스스로 사장이 되어 벤처기업을 이끌며 오히려 명문대생을 직원으로 채용하는 세상이다. 이제 세상은 과거의 룰대로 움직이고 있지 않다.

취직을 하기 위해 공부를 하는 것도 좋다. 아직은 '학벌' 이 모든 것을 재편한다고 믿어도 좋다.

그러나 여기서 우리가 알아야 하는 분명한 사실 한 가지가 있다. 비록 이 순간에는 아직도 학벌을 운운하는 목소리가 클지라도 앞으로 십수 년 내에는 모든 것이 달라질 것이라는 사실이다. 현재 우리 사회는 학벌이 아닌 진짜 실력을 중심으로 급속도로 재편되고 있기 때문이다. 이는 그저 명문대 학벌만 믿고 있다가는 삶을 허비할 가능성이 높으며, 진정으로 자신에게 걸맞은 진로 선택에 해가 될 수 있다는 의미이다.

이제 인재를 원하는 기업들은 더 이상 명문대 졸업장을 '보증수표' 로 여기지 않는다. 훌륭한 인재로서 기업에 자리 잡기 바라는 이들이 있다면 다음 장을 눈여겨 보아야 할 것이다.

3) 기업들은 졸업장만을 신뢰하지 않는다

'학벌주의 타파'를 시기상조라고 여기는가?

그렇다면 여기에 한 가지 분명한 증거를 제시하려고 한다. 비로 힉빌이 없어도 성공한 사람들이 적지 않다는 것이다. 나아가 아무리 좋은 학벌을 가지고도 실패하는 사람 역시 부지기수라는 점도 알아둘 필요가 있다.

대학 근처에도 가지 않았음에도 한 기업의 총수가 되었던 현대그룹 정주영은 어떤가? 경영의 신 마쓰시타 고노스케 역시 전후(戰後) 일본 경제의 신화의 큰 축을 담당한 기업을 일구었지만 대학과는 아무 관련이 없었다.

뿐만 아니라 세계의 최고 거부인 빌게이츠는 자신의 혁신적인 기술을 현실화시키기 위해 '지루한' 대학을 과감히 탈출했다. 나아가 스티브 잡스와 현재 소셜미디어의 1인자로 등극한 페이스북의 창업자 마크 주커버그도 대학을 나오지 않았다.

비단 외국뿐만이 아니다. 미래산업의 정문술 사장과 본죽을 만든 김철호 사장, 팬택의 박병엽 사장 모두가 대학 졸업자들이 아니다.

아이템과 기술력이 있다면 명문대도 필요 없다

이들의 성공을 과연 운이라고만 할 수 있을까? 이들이 만일 학벌에 연연하며 자신의 능력을 폄하했더라면 이들의 성공은 결코 이루어질 수 없었을 것이다. 그러나 이들은 '혁신 아이템', '관심사', '기술력'이라는 세 조건을 부여잡고 승부수를 걸었고, 이른바 학벌사회라고 여겨지는 세상에 성공의 출사표를 던졌다.

비단 유명인들만이 아니다. 우리 주변에는 미디어에 등장하지 않고 알려지지 않은 또 다른 수많은 '비명문인' 성공자들이 있다.

그럼에도 많은 이들이 '아직도 학벌 사회는 깨지지 않았다'고 말한다. 이는 그 자신이 이 변화의 물결을 몸소 체험해보지 않았기 때문이다. 여전히 이들의 성공을 요행이라 생각하며 안전한 법칙만을 고수하려 들기 때문이다.

폴리텍대학에서는 이 안전한 법칙이 통하지 않는다. 나는 그간 강의를 진행하면서 많은 학생들을 만났고, 이들로부터 한 가지 사실을 깨달았다. 사람은 자신이 직접 선택한 운명과 길에 설 때 누구보다도 당당해지고 강해진다는 사실이다.

폴리텍대학의 학생들이 바로 그렇다. 이들은 남들은 가지 않으려는 기술직을 스스로 택하고 이를 소명으로 여김으로써 운명과 행운은 선택하는 자에게 손을 내민다는 사실을 믿게 되었고, 기술능력의 신장을 통해 자신의 삶을 개척하겠다는 큰 포부를 품을 수 있었다. 이는 스펙 전쟁에만 열을 올리는 다른 이들은 결코 이해할 수 없는 자부심이자 잠재능력인 셈이다.

인재상은 계속해서 변한다

최근 벌어지고 있는 '스펙 전쟁'은 한 가지 사실을 간과하고 있다. 포트폴리오 채우기용 스펙은 결국 하드웨어적인 부분에 불과하다는 점이다.

한 예로 취업난에 고통받는 것은 취업자들뿐만이 아니다. 많은 취업 인사 담당자들은 지원자는 많은데 신입사원 모집에서 상당한 애를 먹는다고 고백한다. 입사 지원서에 적힌 이력들이나 자기소개서들이 거기서 거기라는 점이다. 또한 차이가 있다 해도 도토리 키 재기 정도이고, 아무리 좋은 스펙을 갖춘 이들도 막상 면접에서 만나보면 확신이 들지 않는다는 것이다.

심지어 어떤 면접자들은 좋은 스펙과 이력에 비해 그 내면은 경직되고 고루하며, 심지어는 기본적인 교양과 인성조차도 갖추지 못한 경우가 많다고 한다.

즉 이는 취업을 원하는 취업 지원자들과 신입사원을 뽑으려 하는 인사 담당자 사이의 '동상이몽'을 잘 보여준다. 취업 불황으로 지독한 경쟁 속으로 뛰어든 취업 지원자들은 대부분 하드웨어적인 부분에만 주목하며 취업을 준비한 반면, 기업들은 그와 달리 치열한 생존경쟁에서 유연하게 대처할 수 있는 소프트웨어적 능력을 갖춘 인재를 원하게 된 것이다.

나아가 최근 많은 기업들이 이력서의 스펙보다는 그의 인성과 미래의식, 장기적인 발전 가능성을 고려하게 된 것도, 이런 하드웨어적 스펙만으로는 인재를 구분하기 어렵다는 인식에 다다랐기 때문이다.

한 예로 〈포커스 신문〉에 소개된 세계적인 안전 인증기관인 UL의 한국법인 인사총괄 업무를 담당하는 김인철 상무의 인터뷰를 보자. 몇 가지 질문에 대한 그의 대답은 글로벌 세계에서의 인재상이 어떻게 변하고 있는가를 간결하게 보여준다.

- UL 코리아가 선호하는 핵심 인재상과 핵심 역량은 무엇인가.

▶ '보다 더 안전한 세상을 위해 일하라(Working for a safer world)' 라는 회사의 사명을 세계 어디에 가서 어떤 직무를 맡든지 간에 실천하는 인재다. 핵심역량은 10 가지로 고객중심, 유연성, 결과도출 능력, 주도적 의사결정 능력, 의사소통 능력, 협업 능력, 타인에 대한 존중, 분석력 및 문제해결 능력, 기획력 및 조직력, 리더십 및 참여성 등이다.

- 요즘 대학생들은 취업을 위한 스펙 쌓기에 여념이 없다.
  취업에 도움을 주는 조언을 해준다면.

▶ 대학생들의 경우, 흔히 해외 어학연수를 스펙으로 생각하는 경향이 있다. 그런데 인사 담당자는 해외 어학연수 자체를 높게 평가하진 않는다. 어차피 구직자들은 별도의 영어 테스트를 통과해야 하기 때문이다. 그보다는 구직자들이 입사하고 싶은 회사나 동일 업종에 있는 회사에서 인턴십을 하면 인정해 준다. 무엇보다 희망하는 기업, 직종과 관련된 업무경험을 쌓는 게 좋을 것이다.

- 구직자들을 면접할 때, 어떤 점을 중점적으로 보나.

▶ 개인적으로, 지원자가 꿈이 있는지와 기본기가 갖춰져 있는지 본다. 기본기의 경우, 지원자가 팀 플레이어인지를 본다. 높은 성과를 내는 사람들은 많지만, 그런 사람들은 조금만 더 좋은 기회가 있으면 다른 회사로 갈 수 있는 위험성도 갖고 있다. 회사와 함께 꿈꾸고 함께 성장할 수 있는 인재를 원한다.

4) 이제는 명문대 출신이 아니라 전문기술인이 주인이다

　어린아이들에게 장차 성인이 되어서 어떤 직업을 가지고 싶냐고 묻는다고 치자. 아마 대부분의 학생들은 의사나 교사, 변호사 같은 고소득에 안정적인 직업을 원할 것이다. 이것이 요즘 우리 사회의 풍토이다.

　그러나 꿈꾸는 모두가 의사나 교사, 변호사가 될 수는 없는 노릇이다. 이 직업들은 특정 대학에 진학해서 장기간의 수련을 요구하며, 우수한 성적이 바탕되어야 자격이 주어진다.

　그래서 바늘구멍에 낙타 들어가기처럼 많은 학생들이 법대나 의대, 교대에 들어가기 위해서 무한경쟁의 시스템에 자신을 내맡기고 지옥 같은 학창시절을 견뎌낸다. 이는 이 직업들이 흔히 상위 10%의 직업으로 여겨지며 사회적 지위와 더불어 고소득을 보장하기 때문이다.

　그렇다면 조금만 틀어서 생각해보자. 나머지 90%는 어떠한가? 한 사회의 교육이 오로지 상위 10%를 위해 존재하는 지금의 상태는 사실 건강하다고 볼 수 없을 뿐더러, 이 나머지 90%의 직업을 위해 진행되고 있는 지금의 대학교육은 유명무실하고 지나치게 비싼 등록금을 요구한다. 대부분의 학생들이 대학 공부와 취업 공부를 따로 하고 있으며, 사회에서도 취업할 때 대학에서 배운 지식들이 무용지물로 여겨지는 현재의 풍토만 봐도 잘 알 수 있는 일이다.

실질적인 직업교육 프로그램의 활성화

최근 극심한 실업난 속에서두 한국폴리텍대학 졸업생들에 대한 기업의 선호도와 취업률이 높아지고 있다는 사실은 분명히 큰 의미가 있다. 현재 고학력 미취업자나 조기 퇴직한 장년층들이 실업탈출의 방안으로 한국폴리텍대학을 찾고 있는 추세이기 때문이다. 이는 앞서 말한 '평생직업 시대'의 여파인 동시에 많은 이들이 평생직업의 발판으로 전문화된 기능직을 택하고 있다는 사회적 변화의 반증이라 여겨진다.

현재 폴리텍대학 캠퍼스가 있는 지역들의 경우도 마찬가지다. 전국 방방곡곡 실업을 해소하고 경제발전을 이루려면 재직근로자의 평생직업능력개발을 위해 다양한 직업교육훈련 프로그램의 지속적인 개발이 중요하다는 공론이 일반화되고 있는 추세이다.

무엇보다도, 이러한 교육훈련을 전담 추진할 수 있는 공공훈련기관과 지자체, 그리고 기업체와의 유기적인 상호협력관계의 정립이 절실하다는 데 많은 이들이 한 목소리를 내고 있다.

그렇다면 이런 조건들을 갖추기 위해 필요한 시스템 정립으로는 무엇이 있는지도 알아봐야 할 것이다.

기술이 학벌을 이기려면 시스템이 필요

우리나라는 흔히 학벌 사회로 여겨진다. 공직이나 대기업의 중역 자리, 나아가 인기 있는 고소득 직종에는 이른바 스카이대로 불리는 대학 졸업장이 한몫을 한다. 사실상 이 같은 학벌 중심의 분위기는 예나 지금이나 견고한 장벽을 유지하고 있다고 보는 것이 현실적일 것이다.

하지만 일부 고소득 계층을 제외한 일반 직업전선에서도 비슷한 양상이 벌어지고 있느냐는 질문을 던지면 상황은 달라진다. 평생직장 시대가 저물고 평생기술의 시대가 도래하면서 학벌보다 전문화된 기술과 실력이 우선이라는 인식이 커지고 있기 때문이다.

하지만 아직도 갈 길은 멀다. 사회적으로 전문 기능인을 활발히 육성하기 위해서는 반드시 이들을 양성하기 위한 복합적인 시스템이 요구된다. 그런 면에서 아직 우리 사회는 기능인 양성을 위한 협력 체계가 견고하지 않다고 보는 것이 맞을 것이다.

가장 중요한 것은 기능사 양성 과정의 활성화이기도 하겠지만, 특별한 목표나 직업의식을 고려해보기도 전에 단순히 취직만을 위해 기술을 택하는 이들이 정확한 목표를 세우고 자신의 능력을 제고해볼 수 있도록 충분한 기회를 제공하는 소프트웨어적인 지원도 절실하다.

사실상 현장에서 근무하는 많은 기능인들이 '직업 = 돈'이라는 공식으로 움직인다. 당장의 밥벌이를 위해 직업전선으로 뛰어들다 보니 기술직이 단시간 내에 취직에 용이하다고 판단해서다.

실제로 내가 강의하는 한국폴리텍대학의 경우도 처음에는 "당신은 왜 이 직업을 택하려 하고, 어째서 이 기술을 배우려고 합니까?"라는 질문에 적절한 대답을 내놓는 학생들이 많지 않다. 그러다 차츰 자신의 직업과 적성을 고려하고 그 의미를 찾아가면서 기술을 소중히 여기는 그릇 큰 직업인으로 성장하는 경우가 많으며, 그 과정을 지켜보는 일이야말로 공부를 가르치는 이로서는 가장 기쁜 일이기도 하다.

사실상 나는 대학이라는 곳에서는 기능 이상의 것을 가르치는 일들이 반드시 필요하다고 생각한다. 직업에 대한 자부심과 자긍심이야말로 그 직업을 평생 동안 꾸준히 지켜가는 데 있어 가장 중요한 요건이기 때문이다.

따라서 비단 폴리텍대학과 같은 전문인 양성의 장 외에도, 현재 직업인들을 양성하는 모든 사회 시스템에 반드시 이 같은 소프트웨어적인 지원이 제공되어야 할 것이다. 스위스는 어떤가?

스위스의 우수한 기능공들은 그저 기술만 배워서 생겨난 것이 아니다. 그들이 자신의 적성에 맞는 기술을 최고의 사회적 교육 환경에서 훈련하면서 생겨난 귀중한 열매이다.

진정한 기술 강국을 꿈꾸는 나라라면 이 같은 심리적 토대부터 착실히 쌓아나가고, 이를 사회 전반의 분위기로 포진시키는 추진력 또한 필요할 것이다.

한 번 취직은 영원한 취직이 아니다

사실상 우리나라의 기능인들은 단시간 내에 기술을 배워 현장에 투입되는 경우가 많다. 이는 고속성장시대에 부족한 기술 인력을 충족시키는 과정에서 생겨난 이른바 '속성 직업 교육'이다. 하지만 한 번 배운 기술만으로 평생을 전문화된 기술인으로 살아가는 것은 사실상 불가능하다. 기술은 끊임없이 진보하며, 따라서 재직 중인 기술인이라 하더라도 꾸준히 자기 기술을 갈고 닦을 수 있는 기회가 필요한 것이다.

따라서 가능한 이들에게 최단시간에 저비용, 고효율의 교육을 실시할 수 있는 사업들과 지원이 필요하다. 이는 기업에게는 경쟁력 신장과 신노사문화를 창출하는 데 도움을 주고 기능인들에게는 자신의 기술을 신장시켜 자기계발과 직무능력을 향상시킴으로써 더 좋은 대우와 수익을 기대할 수 있는 기회가 된다.

또한 이 같은 직업교육훈련 프로그램을 교육기관에서만 마련하는 것은 한계가 있다. 국가 차원, 나아가 기업 차원에서도 꾸준히 개발되어야 한다. 또한 재직 중인 기술인들이 이 같은 훈련프로그램에 유연하게 참여할 수 있도록 지원하는 제도적 개선과 시스템이 필요하다는 것이 교육 현장의 목소리임을 명심해야 한다.

英, 美서 기술대학 : 전문대 인기 상승

2009-08-17

취업률서 옥스퍼드, 케임브리지 앞서기도

(서울=연합뉴스) 박용주 기자 = 극심한 경기침체를 맞아 직업세계에 좀 더 깊이 정착한 과학기술대학(폴리텍)이나 커뮤니티 칼리지(2년제 전문대) 등의 교육기관이 영국과 미국에서 관심을 끌고 있다. 영국에서는 일부 폴리텍의 취업률이 최고 명문대학인 옥스퍼드를 상회하기도 했다.

폴리텍은 4년제 과학기술대학 즉 공과대학 성격으로 특정 산업과 연계돼 전문화된 기술교육을 제공하는 장점이 있지만 학문적으로는 종합대학에 미치지 못한다는 평가를 받아 왔다. 그러나 최근 공개된 영국의 대학별 실업률 통계에서 2개의 폴리텍이 최고의 위치를 점했다고 영국 일간 더 타임스 온라인판이 보도했다.

에버딘에 있는 로버트 고든 대학은 졸업 6개월 후 실업률 부문에서 2.1%로 가장 낮았다. 역시 폴리텍인 에든버러 네이피어의 실업률은 3.2%로 간발의 격차였다.

2개 대학의 모든 과정은 시작부터 특정 산업과 연계된 교육 프로그램을 제공한다. 로버트 고든 대학은 북해의 정유 산업과 관련을 맺고 이에 필요한 전문 인력을 공급하고 있다.

명문 옥스퍼드 대학의 실업률은 7.4%로 이들 폴리텍에 비해 크게 밀린다. 옥스퍼드 대학 졸업생이 선호하는 은행. 로펌. 컨설팅 업종 등이 최근 경제위기로 타격을 입으면서 고용시장에서 이들이 갈 곳이 마땅치 않은 것이다.

전체 대학 졸업자 실업률은 8.4%를 기록 중이다. 미국에선 경기침체 여파로 2년제 대학인 커뮤니티 칼리지의 인기가 급상승 중이라고 뉴욕타임스(NYT) 인터넷판 등이 전했다.

커뮤니티 칼리지는 지역사회의 필요에 부응해 일반 사회인 등에게 2년 정도의 교육을 제공하기 위해 대학에 병설한 과정이다. 주로 각 지역의 산업과 연결된 직업교육 코스가 많으며 주. 야간으로 다양한 코스가 개설돼 있다.

커뮤니티 칼리지는 새로운 전공 영역을 만들어야 하는 해고 노동자, 전문성이 좀 더 필요한 고교 졸업자들에게 교육공간을 제공하고 있다.

버락 오바마 미국 대통령 역시 대학 졸업자 수를 획기적으로 늘리고자 커뮤니티 칼리지의 중요성을 주장한 바 있다.

일례로 오하이오주 데이턴에 있는 싱클레어 커뮤니티 칼리지는 GM과 그 납품업체인 델파이 등에서 해고된 수천 명의 노동자를 재교육시키고 있다.

올해 싱클레어 커뮤니티 칼리지의 입학생 수는 3만7천 명으로 지난해보다 25% 늘었다. 수업료가 연 2천 달러로 매우 저렴하다는 점도 인기의 비결이다.

speed@yna.co.kr

2

시대의 변화를 이끌어가는
잡(Job)의 시대

1) 21세기가 요구하는 인재상은 다르다

세상은 항상 변화의 물결 속에 있다. 게다가 요즘 시대의 변화는 그 속도 면에서 과거와는 비교할 수 없이 빠른 속도로 진행되고 있다. 이런 상황에서 5년 전, 10년 전의 생각을 그대로 고수한다면 필연적으로 도태될수밖에 없는 것이 이 세상의 현실이다.

특히 평생직장의 개념이 사라지고, 전문인의 세상이 열린 시대에서는 전문화된 기능을 갖추는 것이 사회인으로서 자리 잡는 데 불가피한 일이라는 점을 이미 앞 장에서 살펴보았다.

그렇다면 이 같은 시대가 요구하는 전문화된 인재는 과연 누구이며, 어떤 조건을 갖추어야 할까? 과연 이 시대의 인재는 어떤 부분을 중점적으로 살피면서 자신의 길을 만들어가야 할까?

21세기 인재는 조직의 구원자들이다

지금껏 대한민국 사회는 '인재 = 엘리트'라는 공식 안에 갇혀 있었다. 이른바 '최고의 스펙'을 향해 수많은 대학생들이 고민 없이 달려가고 있는 지금의 현실도, 큰 일부는 이 같은 오랜 사회적 기반의 탓이라 볼 수 있을 것이다.

하지만 막상 사회에 나와 사회인으로 자리 잡는 일은 스펙만으로는 해결할 수 없는 것이다. 우리가 머릿속으로 생각하는 '최고의 스펙'과 현장 인사 담당자들이 생각하는 스펙이 다른 경우가 많다는 의미다. 그렇다면 인사담당자, 즉 기업들이 원하는 인재는 어떤 모습일까?

이 질문에 대답하기 전에 먼저 알아야 할 것이 있다. 이 질문이 "기업들이 어째서 신입사원을 뽑으려 하는가?"라는 질문과 밀접하게 맞닿아 있다는 점이다. 또한 이것은 아이러니하게도 "기업들이 가장 두려워하는 것은 무엇일까?"라는 질문과도 합치된다.

기업들이 가장 원하는 가치는 무엇인가? 바로 이윤 추구와 이 이윤 추구를 장기적으로 도모할 수 있는 영속성이다. 기업들 중에 손해 보는 장사를 하려는 기업 없고, 열자마자 문 닫고 싶어 하는 기업 없다는 의미다. 때문에 기업들은 조직을 망가뜨리는 조직문화의 경직과 매너리즘, 조직체계의 와해, 고객들의 외면 등등을 두려워하며, 자연스럽게 이를 방지하기 위해 다양한 개선책들을 마련하고자 한다.

그리고 이 지점에서, 훌륭한 인재를 고용하는 것이야말로 이 개선책의 중심부가 된다. 정기적으로 새로운 피를 수혈해야만 조직의 관료화를 막고 개선을 도모하며 생산성을 높일 수 있기 때문이다.

이 때문에 기업은 해마다 필연적으로 자신들이 원하는 인재를 찾고자하며, 또한 열정을 걸고 도전하는 인재를 충분히 대우함으로써 윈-윈(win win)을 도모한다. 인재 채용에 스펙 위주의 인사를 지양하고, 실질적인 능력을 갖춘 이들을 찾기 시작한 최근의 트렌드도 이 부분을 잘 보여준다고 할 수 있다.

커뮤니케이션과 리더십, 전문성과 교양이 필요

나아가 최근 중요한 화두로 떠오르고 있는 지식경영, 창조경영을 보자. 이는 우리 사회가 규격화된 인재가 아닌, 문화와 지식, 전문성과 교양을 바탕으로 한 새로운 인재를 필요로 한다는 것을 보여준다.

우리의 지난 시대에는 상품의 대량생산과 취향의 규격화가 중요했다. 고도성장시대를 맞이해 공장마다 기계가 돌아갔고, 고객들은 물질적인 풍요를 누리며 다양한 상품들을 구비하는 것에 소비의 주안점을 두었다.

하지만 지금은 어떤가? 현대인들의 욕구는 갈수록 세분화되고 있으며, 현대사회의 풍요는 매일 수많은 상품들을 시장에 쏟아낸다. 또한 이 같은 욕구는 이제 상품을 넘어 그 상품이 가지는 가치와 문화로까지 옮겨가고 있다.

따라서 이제 이 개개인의 욕구들에 부합해 이를 상품 생산에 합리적으로 응용할 줄 아는 능력이 기업의 존폐를 결정하게 되었다. 이는 정밀한 첨단 기계로도 이룰 수 없는 목표이며, 따라서 치열해지는 시장 경쟁을 뚫고 가려면 창조적인 인적 자원이라는 조직의 구원자가 필요해졌다. 훌륭한 인적 자원은 끊임없는 내외부의 커뮤니케이션을 통해 고객과 소통하고 그 변화의 지점들에 대응하는 창조적 방안들을 내놓을 수 있는 가장 지적인 컴퓨터이기 때문이다.

기업들이 단순히 '생산하는 것' 만으로는 시장 경쟁에서 살아남을 수 없음을 인식하고 사원들의 재교육은 물론, 직원 개개인들이 자신의 창조적 역량과 전문성을 가장 훌륭히 발휘할 수 있도록 지원책을 도모하고 있는 것도 이 때문이다.

이런 상황에서 하드웨어적 스펙은 그저 장식일 뿐 현장에서는 큰 쓸모가 없다. 그보다는 급변하는 현대 사회의 변화에 유연하게 대처하는 커뮤니케이션 능력, 자신의 분야에 능통한 전문성, 조직 내에서 융화하고 리드하는 리더십, 글로벌 세상에 걸맞은 교양 등을 갖춰야만 조직의 구원자라는 이름에 걸맞은 것이다.

주인정신도 인재의 요건이다

나아가 진정한 인재가 갖춰야 할 또 하나의 요건이 있다. 바로 자신의 삶과 생활, 나아가 직업에서 발휘하는 주인정신이다.

아무리 낡은 집도 주인이 잘 자리를 잡고 있으면 무너지지 않는다. 반대로 주인이 지키지 않는 집은 쉽게 퇴락하고 제대로 손보고 돌보지 않은 집은 집 구실을 하기 어렵다. 기업과 조직, 나아가 우리 삶도 마찬가지다.

최근 우리 사회에서 이구동성으로 외치는 말이 하나 있다. 바로 "주인정신이 없다"는 말이다. 그렇다면 주인의식의 반대는 무엇일까?

바로 머슴의식이다. 머슴은 오로지 주인이 시키는 일만 하고 남의 눈치를 살피므로 불평불만이 많다. 이들은 오늘의 삶을 회피하고 막연히 내일만 기대한다. 그리고 우리 삶에서도 직장에서도, 학교에서도 주인의식 없는 개인, 직원, 학생은 자칫 자신의 삶을 타인에게 양도하고 불안과 불평 속에서 살아가게 될 위험이 크다.

잘되는 음식점을 가보면, 왜 이곳이 성공했는지를 금방 알 수 있다. 이런 가게들은 심지어 종업원들조차도 가게를 자신의 것으로 대한다. 따라서 손님이 무엇을 원하는지를 예민하게 포착하고 질 높은 서비스를 제공한다. 즉 주인의식이 높은 사람은 책임의식과 참여의식도 높을 수밖에 없는 것이다.

이 때문에 최근 기업들도 인재의 요건에서 주인의식을 가장 높은 가치로 바라본다. 조직이 발전하려면 업무능력도 중요하지만 무엇보다도 직원들의 주인의식이 높아야만 한다고 보는 것이다. 이런 직원들이 많아지면 그 조직의 구성원들은 다양한 긍정적인 효과를 누리게 된다. 환경 적응력, 창의적 성과, 조직 화합, 고객 서비스, 위기관리 능력, 조직 활성화 등의 이득이 발생하기 때문이다.

다만 이런 주인의식은 하루아침에 생겨나는 것이 아니다. 우선 개개인이 이 주인의식에 대한 자각을 높여야 한다.

따라서 가정과 학교, 나아가 사회 모두가 공동의 책임의식으로 모범과 환경을 제공하는 일에 힘써야 한다. 그리고 이 두 수레바퀴가 건실하게 굴러갈 때 주인의식이라는 오래되고도 새로운 가치가 사회 전반에 정착될 수 있을 것이다.

시대의 화두를 읽고 창조성을 계발하면 된다

작년에 영국 BBC가 세계인을 매료시킨 6대 기술혁명을 소개한 바 있다. 이 기술혁명들 중에서 으뜸으로 꼽힌 것은 휴대전화 크기의 초소형 캠코더였고, 이어서 '지오드' 등의 위치 안내 서비스도 소개됐다. 이 서비스는 가장 가까운 화장실, 맛집 등도 쉽게 찾을 수 있기 때문에, BBC는 곧 가이드북이 완전히 사라질 것으로 예측했다.

BBC는 또한 '모바일 인터넷 시대'를 맞이해 근거리무선통신기술인 블루투스를 가능하게 해준 '동글'(dongle · USB와 연결해 사용하는 외장형 주변기기)을 일등 공신으로 꼽았다.

나아가 웹서비스도 주목할 만한 기술혁명으로 꼽혔다. 웹에서는 물론이고 휴대전화를 이용해 언제 어디서든 편리하게 메시지를 올리고 받을 수 있는 트위터(twitter.com)가 대표적이다.

이밖에도 BBC는 작은 크기와 가벼운 무게의 저가형 노트북인 '넷북', 애플의 온라인 콘텐츠 판매 사이트인 'APP스토어' 등도 중요한 기술혁명으로 평가했다.

이 기술혁명들은 한 가지 사실을 반증한다. 우리가 살고 있는 세상이 첨단기술을 바탕으로 굴러가고 있으며, 앞으로도 기술의 진보가 끊임없이 계속될 것이라는 점이다. 즉 이 같은 시대 변화와 트렌드를 얼마나 잘 읽어내고 내 삶 속으로 끌어올 수 있는지가 앞으로 중요해지리라는 것은 부정할 수 없는 사실이다.

지난 고속성장시대에는 정답과 같은 삶을 살고, 정답처럼 일하는 삶이 성공적인 삶으로 여겨졌다. 하지만 이제 시대는 달라졌다. 기계적인 삶 대신 창조적인 삶 안에서 기쁨과 즐거움을 얻어야 한다.

앞으로 우리도 '학력이나 학벌'이 아닌 '기술과 능력', 그리고 창조성을 가진 이가 우대받는 사회가 되어야 할 것이다. 이제 진정한 전문가란 눈부신 학력을 가진 사람이 아니라 자신에게 주어진 일을 잘 해낼 수 있는 실력과 창조성을 갖춘 사람이다. 그리고 이 전문기술과 기능인이 존중받는 사회적 풍토를 정착시키기 위한 노력은 어느 개인이 아닌 우리 모두의 몫일지도 모른다.

2) 지식정보화 사회가 만들어낸 지식평등세상

지금 우리 시대의 특징을 거론하자면, 과연 무엇을 꼽을 수 있을까? 다양한 정의가 있을 수 있겠지만, 과거와 비교할 때 가장 크게 달라진 것 하나를 꼽자면 지식과 정보의 중요성이 크게 부각되었다는 점이 아닐까 한다.

실로 여러분도 언론과 미디어에서, 우리가 살고 있는 21세기를 지식정보사회의 세상이라고 부르는 걸 들었을 것이다. 지식과 정보가 우리가 살고 있는 사회, 나아가 미래 사회를 움직이는 동력으로 작용하고 있다는 뜻이다.

이는 큰 카테고리로 바라보면 인터넷의 발전과도 연관이 있다. 언제 어디서나 다양한 정보와 지식을 제공받을 수 있는 인터넷 통신망이 지식 정보화 시대의 포문을 열었고, 이것이 또다시 누구나 마음먹으면 원하는 정보와 지식을 얻을 수 있는 환경을 조성했다.

그리고 이 순간에도 많은 이들이 변화와 발전, 새로운 계기를 위해 지식정보화 사회라는 토대 안에서 자신만의 장을 열어가고 있다.

그렇다면 지금의 열린 지식평등세상에서 강자가 되는 법은 무엇일까?

바로 미래지향적인 정보와 지식을 습득할 기회를 놓치지 않는 것이다.

지식정보화 사회의 도래

사전적인 의미로서의 지식정보화 사회
란, 컴퓨터 등 정보통신의 비약적인 발전으로 모든 분야에서 정보화가 이
루어진 사회를 뜻한다. 이는 초고속정보통신망으로 세계가 하나로 연결
되고, 디지털화된 정보와 창의적인 지식이 융합되어 기술과 산업을 이끄
는 사회다.

이 같은 21세기에는 물리적인 재산뿐만 아니라 지식도 하나의 재산이
다. 지식이 재산화된 것을 지적 재산이라고 하는데, 요즘은 이 지적 재산
도 물리적인 상품과 다름없이 초고속정보통신망을 통해 세계적으로 유
통된다. 또한 산업 분야에서도 창의적인 지적 재산권이 상품 흐름을 견인
하고 있으며, 우리 사회 또한 지식 정보를 중심으로 움직이고 있다.

사실 이는 주변만 둘러봐도 알 수 있는 사실이다. 현재 젊은 층을 중심
으로 급격하게 유행하고 있는 스마트폰을 보자.

이 스마트폰은 '손 안의 컴퓨터'라고 불리면서 전화기의 기능을 넘어
온갖 정보와 지식의 바다를 실시간으로 접속할 수 있는 정보·지식의 블
랙박스 역할을 하고 있다. 뿐만 아니라 사람과 사람 간의 네트워크는 물
론, 비즈니스 상의 업무 처리 또한 이 스마트폰 하나로 가능하다. 최근 급

상승하고 있는 이 스마트폰의 폭발적인 인기는 21세기의 현대인들에게 지식과 정보 기반이 얼마나 중요한 필수 항목이 되었는지를 보여준다.

진짜 부자는 고급 정보에 민감하고, 가난한 사람은 남들은 다 아는 정보만 받아들인다고 한다.

세상의 흐름과 미래에 대한 비전을 정보의 바다에서 선별해서 건져낼 수 있는 능력, 즉 정보와 지식 능력의 차이가 물질적 소득의 차이를 만들어낸다는 뜻이다. 즉 21세기는 지식과 정보를 정확하고 효율적으로 습득하는 능력이 생존의 조건이 된 셈이다.

지식과 정보를 통해 더 자유로워진다

올해 우리 정부는 전국 17만 여 명을 대상으로 지식정보화사회에 필요한 정보화교육을 실시할 예정이라고 밝혔다. 장애인 3150명을 대상으로 1대 1 맞춤형 방문교육을 실시하고, 나아가 지자체와 공동으로 전국 50여개 노인복지관·협회 등을 통해 1만2000명 고령자를 대상으로 컴퓨터와 인터넷 소규모 그룹교육을 실시하겠다는 것이다. 나아가 다문화가정과 소외아동들에게도 마찬가지의 교육이 실시될 예정이다.

한 걸음 나아가, 취업이나 창업을 원하는 장애인들을 대상으로 한 IT 전문인력 양성교육 및 취업지원협의체를 통해 일자리를 창출하고, 지자체와 공동으로 3만1700명 장애인을 대상으로 집체교육을 실시하겠다는 목표도 상정되어 있다.

이 같은 정부의 연초 계획은 지식정보사회의 한 가지 중요한 단면을 보여준다. 정보격차의 해소가 일자리와 윤택한 삶을 균등하게 제공하는 것과 직접적인 연관을 가진다는 점이다.

즉 소외계층에 지식정보교육을 확대함으로써 이들로 하여금 물리적 공간의 제한을 넘어 다양한 정보를 흡수하며 견문을 넓히고, 특정 분야의 전문성을 높여 직업을 찾도록 독려할 수 있게 된 것이다.

군(軍) 취득학점 인정…대학졸업 빨라진다

〈데일리안〉 남경우 넷포터 2010.10.22

군대에서 온라인강의를 청취하거나 군 자체 병과 교육을 이수했을 때 이를 학점으로 인정하는 방안이 추진된다.

경기도는 20일 3군사령부, 용인대학교, 한국폴리텍Ⅰ대학 성남캠퍼스, 한국폴리텍Ⅱ대학 화성캠퍼스 등 5개 기관과 '경기행복학습 병영만들기' 업무협약을 체결하고, 3군사령부 장병에게 평생학습 기회를 제공하는 데 협력하기로 했다.

이번 협약은 평생학습 인프라가 부족한 도내 군부대에서 복무 중인 장병에게 자기계발 기회를 주고, 전역 후 학습결과를 인정받거나 취업지원을 받도록 하기 위해 마련됐다.

협약에 따라 도는 군 장병에게 평생교육 정보 제공과 행·재정적 지원을 하게 되고, 3개 대학은 교육프로그램을 개발, 운영하며, 3군사령부는 군 장병의 적극적인 참여를 지원하게 된다.

대학별로는 군 장병을 위한 차별화한 교육사업들을 추진한다. 먼저, 용인대는 군 복무 중인 대학생이 학업을 계속할 수 있게 '3+1 병영대학'을 운영한다.

'3+1 병영대학'은 대학수학 3년에 군 복무학점인정 1년을 더해 졸업과 사회진출이 가능토록 한 교육프로그램이다. 군 복무기간에 사이버지식정보방을 활용한 원격 강좌 수강과 군 자체 병과 교육훈련을 학점으로 인정, 대학수학 기간을 1년 단축하게 해 제대군인이 조기졸업 할 수 있게 했다.

도는 용인대와의 이번 시범사업을 통해 3군 장병이 복무 중 1학기를 마칠 수 있도록 하는 한편, 앞으로 병영대학에서 1년간의 학점을 취득할 수 있도록 현재 6학점 이내로 정해져 있는 연간 취득 가능학점을 12학점 이상 늘리는 방향으로 관계 법령 개정을 정부에 요청할 방침이다.

한국폴리텍대학 성남, 화성 캠퍼스는 상근예비역이 전역한 후 취업할 수 있도록 맞춤형 직업전문교육을 한다. 폴리텍대학은 기업과 교육수요자에 맞춘 6개월 이내 단기직업전문교육과정을 개설하고, 취업 연계 전문교육으로 취업률 90% 이상을 달성하겠다는 계획이다.

한국폴리텍대학은 우선 성남·화성 캠퍼스 인근에 사는 상근예비역이나 부사관 중 희망자 120명을 선발해 내달부터 6개월간의 교육에 들어간 뒤 내년부터 교육인원을 늘려갈 예정이다.

이와 함께 도는 △병영 학습동아리 운영 △현역군인 교양강좌 운영 및 진로설계 지원 △e-배움터 '홈런(homelearn.go.kr)' 온라인 교육 △군-지역사회 상호교류 평생

교육협력사업 △병영도서관 설립·운영 지원 등 군 장병의 사기진작과 군 인재활용을 위한 굵직한 사업들도 추진할 계획이다.

도 관계자는 "입대와 함께 학습이 중단되는 안타까운 현실에서 군 장병에게 학습 기회를 제공하고 취업과 연계한 직업전문교육을 시행함으로써 전투력 향상과 군 이미지 제고 등 긍정적인 효과를 낼 것" 이라며 "군 장병의 삶의 질 향상에도 기여할 것으로 기대한다" 고 말했다.

한편, 이날 협약식에는 김문수 경기도지사, 김상기 3군사령관, 김정행 용인대 총장, 김완수 한국폴리텍대학 성남캠퍼스 학장, 정경수 화성캠퍼스 학장 등이 참석했다.

김 지사는 인사말에서 "대한민국 국방의 선봉에 선 3군 장병이 여가를 학습에 활용함으로써 전력증강은 물론, 자기 발전과 전역 후 중소기업의 인력난 해소에 일조할 수 있는 '경기행복학습 병영 만들기' 에 경기도가 적극적으로 나서게 돼 매우 고무적" 이라며 병영학습의 필요성을 강조했다.

'취직'이 아닌 평생 직업을 위한 지식을 키워라

한국폴리텍대학의 핵심 슬로건은 "평생기술로 평생직업을"이다. 이는 불안정한 고용 상황에서도 자신의 특수한 장점을 살린 기술력을 갖추면 그 기술을 요구하는 다양한 곳에서 꿈을 펼칠 수 있다는 점에 착안한 것이다.

사실 평생기술을 익히는 일은 불과 10년 전만 해도 쉽지 않았다. 자신의 기술이 부족하다고 느끼거나 다른 기술을 배워 직업을 바꾸고 싶어도 그에 걸맞은 교육 기관을 찾기 어려웠기 때문이다. 이 때문에 많은 이들이 야간대학이나 학원 같은 한정적인 공간에 몰렸고, 이마저도 일부 사람들만 누릴 수 있는 혜택이었다.

하지만 지식정보화사회는 이런 판도를 크게 바꾸어 놓았다. 좀 더 윤택한 삶을 위해서는 기술과 능력을 더 섬세하게 갈고 닦아야 한다는 전문성 중심의 문화가 형성되고, 이에 부응해 더 많은 사람들이 고급 지식을 익히기 위해 노력하고 있다. 또한 이런 이들에게 질 좋은 교육을 제공하는 열린 장소와 강좌들도 지역마다 속속 개설되고 있다.

덕분에 많은 이들이 온라인 또는 오프라인을 통해 고급 정보를 입수하고 이를 공유하며, 심지어 직장을 가진 사람도 다양한 공간에서 능력을 드높이고 재취업을 꿈꿀 수 있는 기회가 많아졌다.

한 예로 한국폴리텍대학을 비롯해 최근 많은 관심을 받고 있는 기술대학 역시 지식정보사회에서 새로이 탄생한 평생기술의 학습장이라고 볼 수 있다.

반면 10년, 20년 전만 해도 이 같은 기술학교들은 각광받기 어려웠다. 우리 부모 세대들이 학교에 다녔던 시절만 해도 이런 학교들은 대부분 속성으로 기술만 가르쳐 사회로 내보내는 학원 형태에 불과했기 때문이다.

때문에 이런 기술학교들은 '형편이 너무 어렵거나, 학문에 정진할 수 없을 정도로 성적이 나쁘거나, 고교 때 문제를 일으켰던 학생들이 가는 곳'이라는 오해를 받았고, 실제로도 학생들을 뽑는 과정에서 이 같은 제반 조건들이 반영되기도 했다. 나아가 이런 편견이 90년대까지 지속되면서 심지어 훌륭한 지원 조건과 특성화된 학과를 갖춘 기술학교들조차 외면 받는 상황이 적지 않았다.

하지만 최근 기술학교들은 진일보한 형태로 사회의 주목을 받고 있다. 요즘 학생들은 정보에 밝다 보니 이 학교들이 2년제 대학과 크게 다르지 않고, 전문대 이상의 실무 교육이 가능하다는 점을 잘 알고 있다. 이 기술학교들에서 학사학위과정에 의한 학점은행제를 통해 2년제 전문학교 학위를 받은 뒤 졸업하면 2년제 자격으로 취업을 하거나 4년제나 대학원에 진학도 가능하기 때문이다.

나날이 더해가는 평생교육의 열기

또 하나, 정보지식사회의 교육 열기는 '평생교육' 이라는 또 하나의 화두를 등장시켰다. 비단 학위를 따지 않더라도 평생 삶을 윤택하게 만들어줄 기술과 소양을 배우려는 이들이 많아진 것이다. 실제로 최근 많은 대학들에서 따로 평생교육원을 개설해서 배움에 뜻을 둔 지역주민들을 대상으로 풍부한 커리큘럼을 제공하고, 나아가 직업을 찾는 데도 큰 도움을 제공하고 있다.

효과적인 평생교육을 위해서는 무엇보다 평소 관심을 갖거나 자신에게 필요한 강좌를 찾는 법을 익혀야 한다.

인터넷 등을 통해 지역마다 평생학습센터, 도서관, 인력개발센터 등이 다양한 곳에서 강좌를 개설해 놓고 있는 만큼 꼼꼼히 따져보고 결정을 내리는 것이 중요하다.

또한 시, 교육청, 군구청 등의 지원을 받는 만큼 무료로 개설된 강의를 찾아보는 것도 좋다.

실무교육 '탄탄' 취업 '척척' 인기

한겨레 사회 2008.05.25 (일) 오후 4:56

등록금 싸고 학위 가능
명문대 졸업생 입학도

○○(IT)직업전문학교 게임학부를 졸업한 전영훈(20)씨는 올해 게임 회사 윈디소프트에 입사해 친구들의 부러움을 사고 있다. 서울 오금고 재학 3년 내내 중·상위권 성적을 유지하던 그가 4년제나 2년제가 아닌 직업전문학교를 선택한 이유는 "게임 관련 분야에 대해 전문적으로 일을 배우고, 빨리 사회로 진출하고 싶어서"였다. 이런 선택 과정에서 고민이 전혀 없었던 건 아니다. "'대학 간판'을 중시하는 우리 사회에서 정말 취업을 할 수 있을까" 하는 걱정은 물론 있었다. 하지만 이런 걱정은 입학 뒤 싹 사라졌다. "취업이 안 될 수 없게 가르치니까요. 신입생 때부터 프로젝트 때문에 밤을 새는 일이 다반사죠. 대신 학교에선 실무 지원을 제대로 해줍니다. 흔히 상상하는 동아리 수준의 지원이 아니었죠."

전씨처럼 대학 간판 대신 직업전문학교의 실무교육을 택하는 학생들이 많아지고 있다. 원서만 넣으면 누구나 갈 수 있다는 것도 옛말이다. 서울○○전문학교에는 지난해 1450명 선발에 7500여명이 지원할 정도였다. 한국○○직업전문학교 ○○○홍보팀장은 "최근에는 해외 유학 고교생들도 실전의 필요성을 느껴 입학하고 있다"고 말한다.

직업전문학교는 말 그대로 어떤 직업에 필요한 기술을 집중적으로 교육하기 위해 설립한 학교다. 우리나라에선 국가가 공공으로 운영하는 한국폴리텍대학(전 '기능대학'으로 전국에 걸쳐 40개 캠퍼스가 있다)을 비롯해 노동부 인가를 받아 운영되는 민간학교들이 있다.

(중략)

졸업생들은 직업전문학교를 '알뜰형 학교'라고 말한다. 2년제나 4년제와 비교할 때 등록금도 싸고 시간 낭비도 덜 한다는 것이다. 실제로 한국폴리텍대학은 등록금이 한 학기 약 100만원, 한국아이티직업전문학교는 약 310만원 수준이다.

연세대 생명공학부를 졸업하고 올해 한국폴리텍바이오대학 의생명동물과에 입학한 이준호(26)씨는 "막연한 생각으로 나이가 많은 사람들이 올 줄 알았는데 고등학교 졸업하고 대학처럼 오는 학생들이 많아 정말 놀랐다"며 "4년제나 2년제에선 보기 힘든 특성화된 학과가 있다는 것 자체도 장점"이라고 말했다. 실제로 과거에는 미용, 항공 등 특정 분야의 학과만 있었다면, 지금은 실내건축디자인, e-비즈니스, 애완동물관리, 사이버경찰, 캐릭터디자인 등 다양한 분야의 세분화된 전공들이 개설돼 있는 추세다. 빡빡한 실무 위주의 교육을 받기 때문에 대학생활 고유의 낭만이 없다는 점도 예전 얘기다. 웬만큼 역사가 있는 학교들은 인성, 리더십 교육부터 다양한 학교 프로그램들을 만들어 기존 '학원'의 이미지를 벗으려고 애쓴다.

이런 장점들을 차치하고 학생들이 직업전문학교를 찾는 이유는 취업이 보장되기 때문이다. 실무 위주의 교육 속에서 기업체와 연계한 실습들이 주를 이루고 이 과정에서 기업체들은 능력 있는 학생들을 채용한다. 한국아이티 직업전문학교 올해 졸업생 가운데 94.7%가 취업과 진학에 성공했다. 컴퓨터 관련 학과 가운데에는 네이버, SK 등 대기업에 입사한 학생들도 있다. 한국직업능력개발원 고용·능력개발연구본부 오영훈 연구위원은 "대기업의 경우는 아직도 넘기 힘든 벽이 있는 게 사실이지만 예전과 비교하면 사회적 인식은 많이 바뀌고 있다"며 "직업전문학교에 대한 관심은 우리 사회가 전문가 시대로 가는 변화를 보여준다"고 설명했다.

하지만 취업률만 보고 직업적 전망과 확신 없이 무턱대고 직업전문학교를 택했다 간 낭패를 보기 십상이다. 직업전문학교에 와서 성공하는 학생들은 상대적으로 4년제나 2년제를 선택한 학생들보다 진로성숙도가 높다고 볼 수 있다. 특정 분야에서 바로 실무를 배워보겠다고 뛰어든 것 자체가 그 분야에 대해 확신이 있었다는 뜻이기 때문이다. 한국아이티 직업전문학교를 졸업하고 한우리시스템에 입사한 이성원(24) 씨는 "입사 면접 때 회사쪽에선 이런 학교 학생들이 구체적인 직업 분야에 대해 뚜렷한 확신을 갖고 있다는 점에 주목하는 것 같다"고 말했다. 오영훈 연구위원은 "가족 가운데 누군가 직업전무학교 진학으로 고민한다면 적극 추천해줄 수 있는 학교인 것은 맞다"며 "단, 이는 전공할 분야에 대한 확신과 열정, 진로 계획이 분명히 서 있는 학생에게 해당하는 얘기"라고 강조했다.

김청연 기자 carax3@hani.co.kr

3) 세상을 바꾸는 것은 기술과 기능이다

세상에서 가장 위대한 천재는 누구일까? 사람마다 의견이 분분하겠지만, 많은 이들이 최고의 천재로 인정하는 사람 중에 하나가 레오나르도 다빈치다.

얼마 전 뉴스를 통해 반가운 소식 하나를 듣게 되었다. 레오나르도 다빈치의 과학 발명품을 한눈에 볼 수 있는 다빈치 박물관이 제주에 올 4월에 개관된 것이다.

이 다빈치 과학박물관에는 이탈리아에 세워진 레오나르도 다빈치 박물관이 다빈치의 스케치를 토대로 재현한 과학 발명품 모형과 인체 해부학, 로봇 발명품, 다빈치 노트 사본 등 250여 점이 상설 전시된다. 또한 고화질 디지털 회화 자료와 체험 교육프로그램을 통해 다빈치의 과학세계를 살펴볼 수도 있다.

대부분의 사람들은 레오나르도 다빈치를 화가로 기억한다. 실제로 프랑스 파리의 루브르 박물관에 전시된 다빈치의 명화 〈모나리자〉 앞에는 유독 사람들이 들끓는다. 모두들 다빈치의 화가로서의 명성을 염두에 두고 〈모나리자〉라는 세기의 명작 앞에서 사진을 찍으며 그를 칭송한다.

하지만 정작 레오나르도 다빈치는 자신을 화가로 생각하지 않았다는 것을 아는가? 그의 다양한 스케치들을 살펴보면 원근법에 대한 실험, 착시의 효과 등을 사용한 스푸마토 기법 등 기술과 과학에 대한 관심과 노력을 엿볼 수 있다.

그는 여러 실험 스케치에서 언급했듯이 스스로를 과학자, 발명가로 여겼고, 회화 또한 자신의 탐구 활동 일부로 여겼다. 나아가 그는 유능한 무기 발명가이기도 했으며, 일생 동안 헬리콥터, 행글라이디, 물 퍼 올리는 기계, 자동차, 전차, 대포 등 수 많은 과학적 업적과 발명품들을 인류에 선사했다.

당시 그의 아이디어는 지나치게 진보적이라 실제적으로 활용된 것은 많지 않았지만, 현재 이것들은 이후 기술발전과 발명에 큰 영향을 미친 획기적인 발상의 전환이라는 평가를 받고 있다.

기술이 한 나라의 부강함을 결정한다

영국 하면 떠오르는 가장 위대한 기술력은 무엇인가? 바로 산업혁명 당시의 '증기기관차' 다. 이 증기기관차는 전 세계의 산업 발달에 어마어마한 변화를 몰고 왔고, 영국을 최고의 산업 국가로 탈바꿈시켰다.

우리나라의 IT 산업은 어떤가? 1990년대에 이르러 한국은 IT 분야의 최고 강국으로 떠올라 지금도 그 위용을 자랑하고 있으며, 최근 치열해지는 IT 시장경쟁을 뚫고 높은 부가가치를 자랑하며 또 한 번의 탈바꿈을 시도하고 있다. 이처럼 한 나라의 대표적인 기술은 한 나라의 국력과도 긴밀한 연관을 가진다. 이른바 국가 자체가 그 분야의 특허를 획득하게 되는 셈이다.

실제로 국가적으로 보유한 특정한 기술이 현재 세계 시장에 진출해서 벌어들이는 자금은, 이전 산업 시대의 규모와 현격한 차이를 보인다. 한 나라의 고급 기술이 군사 정보만큼이나 철저하게 관리되며 국가적 보호를 받고, 수많은 산업 스파이들이 국경을 넘나들며 기술의 유출에 목을 매는 것도 이런 이유에서이다.

세계 최고의 기술 강국인 미국을 보자. 전 세계에서 미국만큼 자금 많고, 천연자원이 풍부한 나라는 없다. 하지만 미국이 번영할 수 있었던 이유는 그 자금과 천연자원을 바탕으로한 세계 최고의 기술력이었다.

한 예로 미국이 세계적으로 가장 부강한 나라가 될 수 있었던 결정적인 계기는 유럽에서 일어난 1차 세계대전이다. 당시 미국은 독일과 오스트리아 동맹군과 맞섰던 영국과 프랑스 연합국들에게 질 좋은 전쟁 물자를 제공해서 외화를 벌어들였고, 이후 직접 전쟁에 참전함으로서 군수공장의 파산을 막고 전쟁 기술에서 누구도 따라올 수 없는 강국이 되었다.

사실상 군수무기로 기술력의 토대를 쌓았다는 것은 윤리적으로 훌륭한 행태는 아니다. 다만 여기서 살펴봐야 할 점은 1차 세계대전의 발발 이후 막대한 외화를 벌어들인 미국이 그 외화를 어디에 집중시켰는가이다. 이들은 또 다시 그 외화를 기술력에 아끼지 않고 투자했고, 이것이 지금 미국을 초강대국으로 만든 바탕이 되었다.

한 예로 최첨단 과학기술의 결정체인 전투기 개발에서 미국은 최강자이다. 특히 컴퓨터나 전투기 레이더에 들어가는 소프트웨어를 만드는 기술은 단연 독보적이며, 타의 추종을 불허한다.

나아가 미국은 현재 전 세계에서 가장 많은 엔지니어 수와 프로그래머 수를 자랑한다. 이들에 대한 대우 또한 훌륭해서, 엔지니어가 변호사만큼 많은 돈을 받으며 헤드헌팅 포섭 대상이 된다.

즉 미국이 초강대국이 될 수 있었던 바탕은 첫째는 광활한 천연자원과 노동력이었고, 둘째는 세계대전을 통한 막대한 외화 획득과 기술 개발이었으며, 셋째는 이를 또다시 기술에 재투자함으로써 세계적 확장을 시도한 선견지명에 있다고 할 수 있다.

나아가 이처럼 기술을 중시하는 태도는 미국만의 것이 아니다. 선진국들 대부분이 비슷하다. 과학박물관 개관 100주년을 기념하는 행사로 일반인 5만 명에게 역사를 바꾼 위대한 발명품에 대한 투표를 진행한 영국, 시계와 세공품 등에서 철저한 기능을 자랑하는 스위스, 세계에서 가장 훌륭한 가죽과 사치품을 생산하는 이탈리아와 프랑스 등 서구 사회에서의 기술은 한 나라의 정체성을 결정 짓는 중요한 가치로 우대된다. 나아가 이들은 기술자들을 장인으로 바라보고 지원하며, 이 같은 인적자원의 기술력이 대대손손 이어질 수 있도록 사회적 차원에서 독려한다.

이제 21세기 지식기반사회의 국가경쟁력은 특별한 기술, 나아가 이 기술력을 부가가치로 파급하는 인적자원의 역량에 달려 있다. 이런 상황에서 대학진학률은 84%에 달하지만 산업현장과 괴리된 대학교육으로 인해, 청년실업자로 전락하는 졸업생 수가 상당수에 달하는 우리나라의 현실은 안타까울 수밖에 없다.

앞으로 기술강국을 꿈꾸기 위해서는 국가의 안정적 성장과 발전의 관건이 지식과 기술의 원천인 인적자원의 질적 수준에 달려 있음을 우리 사회 모두가 각성하고 받아들여야 할 것이다.

기능경연대회서 두각… 삼성 입사관문 뚫은 고졸 3인방

2009-01-15

"대학 간 친구들이 더 부러워하죠."

"3년 전 공고에 입학할 때 부모님이 많이 실망하셨지만 지금은 자식 자랑하느라 여념이 없으세요."

고등학교 졸업식을 치르기도 전인 14일 삼성전자에 첫 출근을 한 권정빈(19·대구전자공고 3년) 씨는 "대학에 입학한 친구들이 지금은 저를 더 부러워한다"며 "직장생활도, 기능연마도 전보다 더 열심히 하겠다"고 말했다.

권 씨는 지난해 전국기능경기대회 컴퓨터 정보통신 부문 은메달 수상자다.

삼성전자는 2006년 12월 대회를 주관한 한국산업인력공단과 기능장려 협약을 체결하고 지난해와 올해 기능경기대회 입상자 가운데 112명을 채용했다.

권 씨는 "중학교를 졸업하면서 인문계 공부보다 기술을 배우고 싶었고, 그게 나한테 어울리는 인생이라고 판단해 기능인이 됐다"며 "공고 진학 당시 부모님의 반대도 심했지만 지금이 훨씬 낫다고 생각한다" 고 말했다.

2주 전 삼성전기에 입사한 추동엽(19 · 금정전자공고 3년) 씨는 벌써 2주치 월급 130만 원을 받아 부모님께 드렸다. 추 씨도 지난해 전국기능경기대회 메카트로닉스(생산자동화) 부문 동메달 수상자. 2인 1조로 진행되는 이 대회에서 추 씨는 소프트웨어 개발을 담당했다.

추 씨는 "대학은 일하면서도 충분히 다닐 수 있다고 생각한다"며 "학위에 대한 욕심 때문이 아니라 더 많은 지식과 기술을 얻기 위해 공부는 계속하겠다" 고 말했다.

추 씨의 지도교사인 문효도(디지털전자과) 교사는 "동엽이는 성적이 우수한 것은 물론이고 자기가 좋아하는 분야에서 실력을 쌓고 인정을 받겠다는 생각이 강했다"며 "이 때문에 대학 진학 대신 취업을 선택한 것으로 안다" 고 말했다.

이들은 13일 경기 수원의 삼성전자 사업장에서 열린 '기능경기대회 입상자 삼성 채용인력 워크숍' 에 참석해 새내기 동료들과 취업 소감을 나누기도 했다.

이 자리에 참석한 1년 선배인 홍예슬(20 · 삼성엔지니어링) 씨는 "수원에서 서울까지 출퇴근하느라 하루 4시간밖에 잠을 못 잤지만 고졸의 어린 신입사원이란 한계를 넘고 싶어 악바리처럼 일했다"며 "기능연마를 위해 주말도 없이 연습하는 전문계 고등학교 학생들이 취업이나 진학에서 우대받았으면 좋겠다" 고 말했다.홍 씨는 2007년 전국기능경기대회 건축제도 · CAD 분야 금메달 수상자다. 한국산업인력공단 기능경기팀 정성훈 팀장은 "기능과 기술에 대한 꿈 때문에 인문계가 아니라 전문계고를 선택하는 학생들이 늘고 있다"며 "지금처럼 대졸 취업이 어려운 상황에서 이들의 모습은 진로를 고민하는 청소년들에게 모델이 될 것" 이라고 말했다.

이진구 기자 sys1201@donga.com

4) 기술로 실업과 워킹푸어에서 탈출하라

나는 2002년 한국산업인력공단 산하 충북직업전문학교에서 직업능력개발훈련교사로 교단에 서기 시작해 현재는 한국폴리텍II대학 화성캠퍼스에서 「직업과 사회」 교과를 담당하고 있다. 그런데 얼마 전 수업준비를 하면서 경기도 지역과 관련한 주목할 만한 통계를 하나 발견했다.

2010년 5월 경인지방통계청이 발표한 자료에 의하면 경기 지역의 실업자 수가 24만 4천 명(4.3%)이라고 한다. 이는 2009년 10월(16만 3천 명) 이후로 6개월 동안 연속 상승한 결과이다.

나아가 경기 지역의 실업자 수는 전국 평균 실업률(3.8%)보다 높아 전국에서 네 번째로 높은 수치다.

그런데 문제는 이 실업률은 사실 통계상의 표면적인 것이고 반실업 상태, 그리고 고용불안 지수를 감안한다면 그 수치가 더욱 높아질 것이라는 점이다.

지금 우리 주변은 어떠한가? 과연 이런 실업 상태에 놓일 경우 우리는 어떤 선택을 내릴 수 있을까?

절대빈곤과 기술인의 부재

나는 「현장다큐 동행」이라는 프로그
램을 자주 시청한다. 이 프로그램은 우리 사회의 최하 1%라 불리는 극빈
층의 삶을 밀착 취재한 프로그램으로 시청자들에게 많은 사랑을 받아왔
고, 나아가 이 프로그램을 통해 많은 출연자들이 재기의 기회를 얻을 수
있었다.

이 프로그램에 등장하는 이들은 내부분 실업 상태이거나 하루 먹고 살
기도 어려운 상황에서 하루하루를 힘겹게 살아간다. 그런데 한 가지 눈에
띄는 점이 있다.

이들 중의 많은 수가 앞서 다가온 두 번의 외환위기로 몰락한 자영업자
이거나 실직자들이라는 점이다. 이들의 경우 대부분 특별한 기술이 없거
나 재취직에 어려움을 겪으면서 일용직을 알선하는 인력사무소를 전전
한다. 그나마도 경기침체로 인해 인력 수요가 줄면서 일을 받을 수 있는
날은 일주일에 한두 번이 전부다 보니, 안정적인 수입을 얻는 것도 불가
능하다.

이들이 살고 있는 거처는 고시원, 찜질방, 비닐하우스, 쪽방 등이며, 여
기에 들어가는 거주비와 최소한으로 유지해야 하는 생활비 때문에 저축
은 꿈도 꿀 수 없다. 말 그대로 진퇴양난의 상황인 것이다.

이처럼 이중 삼중의 고통을 안고 있는 이들에게 "왜 안정적인 직장을
구하지 않나?", "대체 왜 상황이 이렇게 될 때까지 손을 놓고 있었나?"

되묻는 것은 사실 아무 의미가 없다. 이들의 삶은 그런 힐난을 받지 않아도 충분히 힘겹기 때문이다.

그런데 여기서 한 가지 질문이 있다. 그렇다면 이처럼 열심히 살기 위해 노력하는데도 점점 가난해지는 워킹푸어 현상은 무엇으로 설명할 수 있을까?

한국폴리텍대학 청년실업 해소 나서

<아시아경제> 2010.08.17

한국폴리텍II대학 화성캠퍼스(학장 정경수)이 청년실업 해소에 동참하고 나섰다. 특히 기업과 함께 기능사 양성과정을 운영, 취업 성공이라는 큰 성과를 냈다.

17일 대학측에 따르면 대학은 산업은행에서 교육훈련비용 전액을 지원받아 지난 3월부터 진행한 취약계층 취업지원 프로그램인 '희망의 디딤돌 기능사 양성과정'이 18일, 6개월간의 과정을 모두 마치고 35명의 수료생을 배출했다. 이중 13명은 이미 취업 중이거나 취업이 확정됐다.

'희망의 디딤돌 기능사 양성과정' 프로그램은 '저소득층 자립지원', '청년실업 해소기여', '중소기업 인력난 지원'을 위해 화성캠퍼스가 산은사랑나눔재단(산업은행 공익재단)과 한국지역자활센터협회와 함께 추진하는 고용연계형 취업교육사업이다.

화성캠퍼스는 지난 3월에 자동차정비, 전기제어, 자동차도장 등 3개 학과 42명의 교육생을 선발, 지난 6개월간 기능사 양성 및 취업지원교육을 실시했다.

화성캠퍼스 관계자는 "희망의 디딤돌 기능사 양성과정은 사회적 취약계층인 자활 대상자의 고용안정망 구축과 중소기업의 인력난 해소에 기여하는 바가 크다"며 "아 직 취업이 결정되지 않은 나머지 수료생들도 산은사랑나눔재단 등에서 취업을 알선 하고 있어 조만간 모두가 취업에 성공할 수 있을 것"이라고 전했다.

워킹푸어가 생겨나는 이유를 알자

워킹푸어란 저임금을 받고 장시간 일하 는 노동자를 비롯해 비정규직, 임시직 등 고용이 안정되지 못한 상태에서 일하고 있는 이들, 먹고 사는 것에 급급해 저축은 꿈도 꾸지 못하는 이들, 병에 걸리거나 일자리를 잃으면 절대빈곤으로 떨어지는 계층의 사람들 을 뜻하며 근로빈곤층이라고도 부른다.

그리고 2009년, 우리나라에서 근로빈곤층으로 분류되는 수가 200만 명 을 넘어섰다. 18세에서 64세 사이의 경제활동 인구 중에 2008년 기준 195 만 명이던 것이, 2009년 상반기가 되자 209만 명으로 증가하면서, 불과 6 개월 사이에 14만 여 명이 워킹푸어로 전락한 것이다.

물론 워킹푸어는 2000년대만의 산물이 아니다. 물론 오래 전부터 우리 사회에는 워킹푸어가 존재했다. 하지만 이 현상이 본격적으로 사회 문제 로 떠올랐다는 것은 또 다른 문제다.

우리나라는 60~70년대를 거쳐 이른바 '한강의 기적'이라는 고속 경 제성장을 이루었고, 이를 통해 최저생계비 기준 빈곤률이 1976년에는

18.1%이었던 것이 1991년에는 1.1%까지 하락했다.

하지만 90년대 말, 외환위기의 극복 일환으로 정리해고 등의 구조조정이 대규모 실시되면서 거의 모든 분야에서 대량 실업자가 생산되었고, 이들은 실직자라는 이름 하에 하루아침에 생계를 잃고 불모지로 던져졌다.

나아가 엎친 데 덮친 격으로 2003년에는 신용대란이 발생하면서 개인파산자가 속출했고, 잘사는 사람과 못사는 사람의 사이의 양극화는 더욱 커졌다.

그리고 지난 2008년 또다시 들이닥친 미국 발 금융위기가 중산층의 수직하락을 초래하면서 빈곤층의 증대가 급속화되었다.

그렇다면 두 번의 외환위기 이후 차츰 안정세를 되찾고 있는 지금은 어떨까? 시간이 어느 정도 흘렀으니 이 같은 위험이 감소되었을까?

여전히 불안한 워킹푸어

지난 10년간 반복된 경제위기는 우리 사회에 한 가지 위험한 현상을 몰고 왔다. 아무리 경기가 회복되어도 근로빈민층의 소득이나 안정된 고용은 불가능해졌다는 점이다.

이는 급속하게 치솟는 물가와 더불어 시장 유연화라는 세계적 트렌드로 인한 비정규직 채용이 일반화되었기 때문이다. 때문에 근로빈곤층에 놓였던 이들은 10년이 흘러도 저소득과 불안정한 임시직에서 벗어나지 못하고 있을뿐더러, 오히려 더 많은 빈곤층이 생산되고 있는 현실이다.

한 예로 GDP기준, 우리나라 경제규모는 1990년 191조원에서 2007년 975조원으로 5배 성장했음에도, 저소득층 비율은 같은 기간 7.6%에서 14.4%로 오히려 두 배나 늘어났다는 것도 이런 상황을 반증한다.

그렇다면 현재 사회적 약자 및 취약계층을 지원하고 있는 정책들로는 무엇이 있을까? 우리가 흔히 알고 있는 수급자를 대상한 지원비 지급, 주택 마련 도움, 복지 시설 제공 등도 있지만, 내가 관심을 가지고 있으며 또한 장기적으로 이루어질 때 가장 큰 효과를 볼 수 있는 사업은 바로 직업능력개발사업이다.

이 직업능력개발사업에는 공공성 및 정체성 확립을 위한 교육훈련사업 확대 · 강화로 청년실업자 해소를 위한 교육과정 운영, 사회적 약자(고령자, 경력단절여성, 다문화 가정 등) 맞춤훈련 확대 등이 포함될 수 있다.

'평생직업' 만이 살아남는다

"거창하고 실속 없는 사업가보다 펜치 잘 다루는 기술자가 오래 살아남는다"는 말이 있다. 예전에는 기술직의 성실함과 지속성을 강조하는 은유에 불과했다면, 21세기에는 이 말이 오히려 현실적인 조언이 되었다.

우리가 살고 있는 시대는 '평생직장'의 개념이 사라지고 '평생직업'이 강조되는 시대로 나아가고 있다. 여기에는 앞서 강조한 두 번의 경제위기, 나아가 세계적으로 진행되는 구조조정의 물결, 전문화된 기능을 요구하는 사회 변화 등 다양한 이유들이 존재한다.

이 같은 사회 제반 환경들은 결국 노동시장의 유연화라는 결과를 가져왔고, 이로 인해 우리는 한치 앞을 내다볼 수 없는 불안정한 고용 시대에 살아가게 되었다.

그렇다면 이와 같은 변화는 개인으로 하여금 어떤 대책을 요구하고 있는가?

사실상 우리가 지난 시대 고학력자가 되기 위해 노력했던 것은 대부분 안정적인 직장을 가지기 위해서였다. 하지만 이제 우리가 살고 있는 시대는 안정적 직장만으로는 평생 수입을 기대할 수 없는 시대다. 하루아침에 정리해고와 구조조정의 물결로 내 책상과 의자가 사라지는 상황이 벌어지면서, 대리에서 과장으로, 과장에서 부장으로 승진하면서 노후를 준비했다는 이야기는 이미 흘러간 노래가 되었다.

이제 우리 사회는 개개인의 '스펙'이나 '명함'보다는 평생 동안 전문성을 통해 지속적인 수입을 얻을 수 있는 직업능력개발이 더욱 중요한 의미를 가지는 시대로 변모한 것이다.

중요한 것은 이런 사회적 변화를 고려해 미리 준비하는 사람이 생각보다 많지 않다는 사실이다. 또한 이런 사회적 흐름을 염두에 두고 자신의 직업을 고민하는 일도 만만치 않은 품과 시간이 소요된다.

그렇다면 이 같은 평생직업 시대에 우리는 과연 어떤 준비를 해야 할까? 또한 그 길을 찾아가는 데 반드시 짚고 넘어가야 할 핵심적 사안들로는 무엇이 있을까?

직업능력개발사업의 대안 프로그램

사회적 약자라고 할 수 있는 취약계층의 문제를 해결하려면 단순히 한시적인 혜택을 주는 것으로는 부족하다. 이들의 전반적인 어려움과 사회적 환경을 고려해 이 문제를 복합적으로 해결할 만한 대책이 필요하다.

그런 의미에서 "가난한 자에게 물고기를 주는 대신, 물고기를 잡는 법을 가르쳐라."는 말은 큰 의미를 가진다. 새로이 시작할 수 있는 힘과 용기, 그리고 빈곤 상황에서 벗어날 만한 도구를 선사하는 일이 중요하다는 뜻이다.

하지만 실업자와 취약계층이 보다 현실적으로 숙련할 수 있는 산업현장 업종에 대한 사회적 경시와 저임금, 나아가 교육 체계의 부재 역시 직업능력개발사업을 어렵게 하는 장애물이 아닐 수 없다. '기술을 배워봤자 이것으로 생활을 유지하기 쉽겠나' 하는 의심이 결국 중도포기를 낳기 때문이다.

이를 극복하려면 다양한 노력들이 필요하겠지만, 장기적으로는 기능과 기술직에 대한 사회적 인식을 개선하기 위한 노력을 경주하고, 나아가 기술 교육을 통해 자활을 꿈꾸는 이들에게 기술의 소중함과 장점을 알릴 필요가 있다.

또한 최근에 우리가 살고 있는 세상이 어떤 변화를 통해 어떤 트렌드로 흘러가고 있는지 역시 알릴 필요가 있다.

기술 배워서 취업성공 '새출발'
한국폴리텍 I I 대학 화성캠퍼스 '희망의 디딤돌 기능사 과정'
저소득층 자립지원 위한 고용연계형 교육실시
자동차정비 · 도장등 6개월간 기능사 양성 지원
35명 수료생중 13명 취업… 중기 인력난 해소

〈수원일보〉 2010년 08월 18일 박장희 기자

● 사례 1= 한국폴리텍 II 대학 화성캠퍼스의 '희망의 니딤돌 기능사 양성과정' 자동차정비과 2기 수료생인 김상태(25)씨는 대학 졸업 후 공업사에서 계약직으로 3년을 근무했다.

▲ 한국폴리텍 II 대학 화성캠퍼스의 '희망의 디딤돌 기능사 양성과정' 자동차정비과 과정을 수료한 김상태씨.

군 면제로 빨리 안정적인 직장생활을 할 것이라 생각했지만 계약직이라는 신분으로 미래에 대한 불안감에 회사를 퇴직하게 된 것.

김씨는 퇴직 후 인터넷을 통해 화성캠퍼스의 '희망의 디딤돌 기능사 양성과정' 을 알게 됐고, 어려운 생활에도 모범을 보여준 부모님을 생각하며 새 출발을 결심하게 됐다.

'희망의 디딤돌 기능사 양성과정' 을 통해 자동차 정비기능사자격증을 취득한 김씨는 현재 경원여객(주) 정비팀에 취업이 확정된 상태다.

김상태씨는 "지난 6개월동안 걱정스런 시선으로 지켜봐 주던 가족들에게 자랑스런 아들이 돼 집안의 버팀목이 되고 싶다" 는 소망을 나타냈다.

● 사례 2= 디딤돌 기능사 과정 가운데 자동차도장과 2기 수료생인 차경호씨는 대학 시절 어려운 가정형편으로 인해 새벽부터 세차장, 카센터, 중고차 영업보조 등의 온갖 힘든 일을 하면서 학비를 벌었다.

▲ 한국폴리텍II대학 화성캠퍼스의 '희망의 디딤돌 기능사 양성과정' 자동차도장 과정을 수료한 차경호씨.

차씨는 군 제대 후 대학 간판보다는 평생기술이 필요하다는 생각에 학교를 자퇴한 후 '희망의 디딤돌 기능사 양성과정'에 입학했다. 차씨는 현재 대우자동차 일산정비 사업소에 취업해 새로운 분야에서 희망을 찾아 오늘도 땀방울을 흘리고 있다.

이처럼 한국폴리텍II대학 화성캠퍼스(학장 정경수, 이하 화성캠퍼스)가 산업은행에서 교육훈련비용 전액을 지원받아 지난 3월부터 진행한 취약계층 취업지원 프로그램인 '희망의 디딤돌 기능사 양성과정'이 결실을 맺고 있다.

화성캠퍼스는 18일, 6개월간의 디딤돌 기능사 양성 과정을 모두 마친 35명의 수료생을 배출한다고 17일 밝혔다. 화성캠퍼스 관계자는 18일 수료하는 35명 중 13명은 이미 취업 중이거나 취업이 확정됐다고 전했다.

'희망의 디딤돌 기능사 양성과정' 프로그램은 저소득층 자립을 지원하고 동시에 청년 실업 해소와 중소기업 인력난 지원을 위해 화성캠퍼스가 산은사랑나눔재단(산업은행 공익재단)과 한국지역자활센터협회와 함께 추진하는 고용연계형 취업 교육사업이다.

화성캠퍼스는 지난 3월에 자동차정비, 전기제어, 자동차도장 등 3개 학과 42명의 교육생을 선발하고 6개월간 기능사 양성과 취업 지원교육을 진행해, 모든 과정을 이수한 35명의 교육생이 18일 수료식을 갖게 된 것이다.

화성캠퍼스 관계자는 "희망의 디딤돌 기능사 양성과정은 사회적 취약계층인 자활 대상자의 고용 안정망 구축과 중소기업의 인력난 해소에 기여하는 바가 크다"며 "아직 취업이 결정되지 않은 나머지 수료생들도 산은사랑나눔재단 등에서 취업을 알선하고 있어 조만간 취업에 성공할 수 있을 것"이라고 전했다.

3

세상을 바꾸는
폴리텍 스타일

1) 돈의 정의, 직업의 정의

"당신에게 돈이란 무엇입니까?" 라고 물을 때 조목조목 대답할 수 있는 사람이 몇이나 될까? 아마 대부분의 사람들은 돈에 대해 한정적인 의미만 부여할 것이다.

직업에 대한 생각도 크게 다르지 않다. "당신에게 직업은 무엇입니까?" 라고 물을 때 아마 대부분은 직업을 돈을 벌기 위해 가져야 할 필수불가결한 무언가라고 생각하는 경우가 많다.

하지만 돈과 직업이 가진 의미가 단지 그뿐일까? 돈이란 그저 잘 먹고 잘 살기 위해서만 필요한 것일까? 또한 직업이란 그저 돈을 벌기 위한 수단에 불과한가?

직업이 가지는 세 가지 의미

직업이란 평생에 걸쳐 가져가야 하는 지난하고 길고 긴 과정이다. 생계 수단으로서뿐만 아니라 한 사람의 인간이 사회 속에서 자리를 잡아나가는 과정이며, 목표를 향해 정진하는 과정, 자신을 실현하는 과정이다.

이때 직업에 대해 나름의 단단한 정의와 그 직업을 통해 이룰 수 있는 목표가 있는 사람은 어려움을 만나도 쉽게 굴하지 않고, 자신의 기술을 바탕으로 더 큰 성공을 이룰 수 있다. 인생은 요행이나 대박이 아닌, 노력으로 이뤄내는 자신만의 드라마이기 때문이다.

일반적으로 직업은 개인에게 세 가지 의미를 가진다. 직업을 통해 생계를 유지한다는 경제적인 의미, 나아가 사회 구성원으로서의 역할을 의미하는 사회적인 의미, 나아가 직업을 통해 자부심을 가지고 발전한다는 심리적 의미이다. 그리고 이 세 가지 의미는 끊임없이 우리로 하여금 직업에 대해 고민하도록 만든다.

첫 번째 경제적 의미를 보자. 우리는 현재 내가 가지고 있는 직업이 노력에 합당한 대가를 지불하지 않을 때 불만을 품게 된다. 이는 경제적 의미로서의 직업에서 생기는 불만이다.

둘째, 직업은 또한 사회적 의미를 가진다. 우리는 "과연 나의 직업이 사회적으로 어떤 의미이며 누구에게 도움을 줄 수 있을까?"를 고민하는 과정을 거쳐 보다 의미 있는 직업에 무게를 두게 된다.

셋째, 심리적 의미로서의 직업이 있다. 우리는 직업을 통해 스스로 자아실현을 이루고 자신의 가치를 발견할 수 있어야 한다.

그리고 위의 세 조건이 적절히 충족될 때 그 사람은 자신의 직업에 만족하며 행복한 생활을 영위할 수 있다. 따라서 직업을 고를 때는 이 세 가지 기준을 세심하게 생각해보고 자신에게 합당한 조건들을 찾아야 한다.

그런데 지난 10여 년 동안의 경험에 의하면, 대부분의 학생들이 졸업 후 일을 해야 된다는 것에는 동감을 하면서도 무슨 일을, 어떠한 조건에서 할 것인가에 대해서는 너무도 막연하다.

어떤 직장을 가지고 싶냐는 질문에 "그냥 좋은 직장"이라고 답하는 경우가 적지 않았고, 무슨 일을 하고 있느냐는 질문에도 "아무 일이나" 식으로 무계획적으로 답하곤 했다.

이는 학생들이 그간 일에 대한 자부심과 긍지가 없었고, 직업이 갖는 참 의미에 대해 깊이 생각해볼 시간이나 기회도 없었다는 것을 의미한다. 그저 다른 사람들도 일을 하니까, 먹고 살려면 무엇을 해서건 돈을 벌어야 하니까 정도에서 생각이 멈춰버렸다는 뜻이다. 그렇다면 이런 학생들에게 필요한 생각거리로는 어떤 것들이 있을까?

아무리 '직업은 중요한 것이다, 직업은 먹고사는 일 이상의 것이다'라고 말해 봐도 그것을 받아들이는 학생들 스스로의 깊은 고민이 없다면 이는 공허한 구호에 불과해진다.

따라서 직업교육에서는 단순한 구호의 주입이 아닌, 이 같은 규정과 정의, 목표 설정에서 많은 부분을 학생들 스스로 해나갈 수 있는 바탕을 깔아주는 일이 필요하다.

바로 자신이 처한 현 상황에 대한 냉철한 분석(능력, 학력, 신체적 조건 등)을 키워줌으로써 앞으로의 진로를 선택하고 결정하게 해줘야 한다는 뜻이다. 반드시 이런 사고의 과정을 거쳐 스스로 의사결정을 내린 뒤에야 학생들도 직업의 참의미를 알게 됨으로써 일에 대한 보람과 사회적 구성원으로서의 역할에 대한 책임감을 갖게 될 것이다.

일이란 무엇인가?

직업의 의미에 대해 학생들에게 이론적 설명을 실시하면서 나름대로 직업에 대해 몇 가지 세부적인 규정을 내릴 수 있었다.

첫째는 생계적 의미(생업), 둘째는 윤리성(반사회적, 비도덕적인 행위 제외), 셋째는 지속성(꾸준히 평생 할 수 있는 일), 넷째는 자아실현(일을 통해서 성취감, 보람을 얻음)이다. 이는 위에서 말한 직업의 목적을 좀 더 세분화한 것으로 다시 한 번 생각거리를 제공한다.

수업을 진행하면서 또 한 가지 느낀 것은 학생들이 직업의 목적 중에 첫 번째, 즉 생계적 의미에 가장 큰 의미를 부여하고 있다는 점이었다. 학생들 중에 적지 않은 수가 "직업은 돈을 벌기 위해 갖는 것인 만큼, 돈만 많이 벌면 될 뿐 그 외의 것이 중요한가?" 하는 질문을 던지는 경우가 많았기 때문이다.

물론 돈은 우리가 인간답고 행복하게 살아가기 위한 중요한 조건이다. 하지만 돈만 많이 번다고 해서 우리 삶이 과연 행복해지냐고 물을 때 선뜻 "그렇다"고 대답할 사람은 많지 않을 것이다. 여기에서 미국의 유명한 행동심리학자인 아브라함 매슬로우(Abraham H. Maslow)의 욕구 5단계설을 살펴보자.

인간의 욕구는 돈만으로 채워지지 않는다

그는 인간의 욕구에는 5개의 단계가 있고, 아래 단계의 욕구가 만족되면 차츰 다음 단계의 욕구가 생긴다고 말했다. 또한 인간은 바로 이 욕구의 단계를 통해 끊임없이 어떤 목표에 도달하려고 하는 동기를 부여받는다고 말했다. 그가 분류한 다섯 단계의 욕구는 다음과 같다.

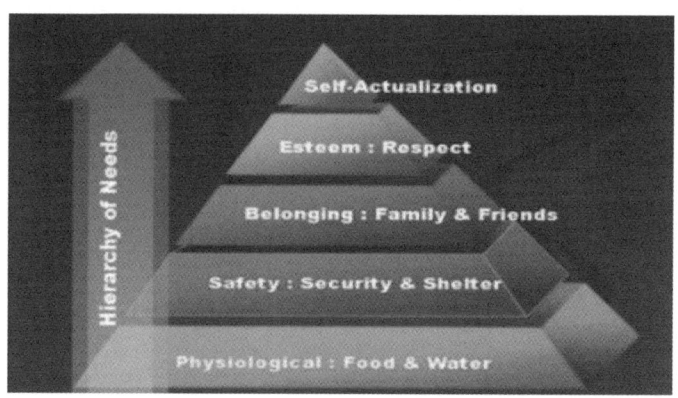

① 생리적 욕구 (Physiological : Food&Water)

가장 낮은 단계의 욕구는 생리 욕구이다. 인간의 가장 기본적인 욕구로

배고픔이나 갈증이 여기에 해당한다. 경영자는 종업원에게 임금을 지급함으로써 그들의 생리적 욕구를 충족시킬 수 있도록 해준다.

② 안전 욕구 (Safety : Security & Shelter)

신체적인 위협이나 불확실성에서 벗어나고자 하는 욕구. 일상의 안전, 보호, 안정 등에 대한 욕구는 의료 보험이나 노후대책으로써 직업을 선택하는 행동에 반영된다. 경영자는 안선한 작업 조건, 직업 보장 등을 통해서 이런 욕구를 충족시킬 수 있다.

③ 소속 욕구 (Belonging : Family & Friends)

안전 욕구가 충족되면 사람들은 다른 사람들과 관계를 맺고 소속감과 애정을 나누고 싶어 한다. 같은 회사의 동료들 사이에 끼고 싶다는 욕구가 그 예이다. 회사에서는 야유회, 체육대회 같은 친목을 도모하는 행사를 통해 이러한 욕구를 충족시켜 줄 수 있다.

④ 존경 욕구 (Esteem : Respect)

다른 사람들로부터 자신의 능력을 인정받고 싶어 하는 욕구이다. 존경에 대한 욕구가 충족되지 못하면 사람들은 열등감과 무력감에 빠지기도 한다. 직장에서 자신의 업무를 성공적으로 완수한다든가 동료들로부터 인정을 받음으로써, 또는 승진을 통해 자신감과 자부심을 갖게 되는 것

등이 존경 욕구를 충족시키는 데 도움이 된다.

⑤ 자아실현 욕구 (Self-Actualization)

자신의 잠재적인 능력을 최대한 발휘하고 창조적으로 자기의 가능성을 실현하고자 하는 욕구를 말한다. 최근에는 기초적인 단계의 욕구보다는 자기 계발이나 자아실현의 욕구가 점차 중요해지고 있는 추세이다.

위의 5단계 욕구설은 인간의 행복이 돈만으로 이루어지지 않는다는 점을 명확히 보여준다. 나아가 위의 5가지 욕구를 총합한 장이 다름 아닌 우리가 가진 '직업' 이라는 점 또한 말한다. 다시 말해 현대사회에서의 직업이란 위의 욕구가 적절히 해소되고 다음 단계로 나아갈 수 있는 중요한 토대인 셈이다.

따라서 직업에 대한 일반적 생각을 정리했다면 그 다음은 자신에게 다음과 같은 질문을 던져서 보다 심층적인 자기 욕구와 상황을 파악할 필요가 있다.

○ 경제적 측면에서 가장 유리한 직업은?

○ 개인의 자아실현의 측면에서 가장 적절한 직업은?

○ 사회의 생산적 성원으로서의 역할을 가장 충실하게 해낼 수 있는 직업은?

○ 생계유지, 개인적 자아실현, 사회적 역할의 3측면을 함께 조화시킬 수 있는
  직업은 어떤 것이 있습니까?

○ 여러분이 다른 사람보나 잘 하는 것은 무엇인가요?

○ 여러분이 스스로를 자랑스럽게 생각할 때는 언제인가요?

○ 하루에 한 번 이상 여러분 자신을 위해 할 수 있는 일을 생각해 봅시다.

○ 자신의 진로의 방향(택하고 싶은 직업 혹은 직업분야)은?

 - 위에서 진로방향을 선택한 이유는 ?

○ 나의 가족은 내가 (   )이 되기를 원한다.

  내가 생각하기에 이것은 나에게 (   )하다.

  나의 가족은 내가(   ) 정도의 연봉을 받기를 원한다.

○ 어떤 유형의 사람들과 함께 일하고 싶습니까?

나아가 졸업생이나 선배들의 취업준비 사례, 현 직장 생활 등의 실제 경험 사례를 듣는 것도 직업과 경제활동의 의미를 정리하는 데 큰 도움이 된다.

2) 대학에서 얻어야 할 인성교육의 중요성

인성이란 인간이 본래부터 가지고 있는 특성과 사람 됨됨이를 의미하는 것으로 글자 그대로 사람의 성품이다. 그렇다면 성품은 무엇일까? 바로 사람의 성질(性質)과 품격(品格)이다. 또한 여기서 성질은 마음의 바탕을 의미하고, 품격은 사람의 '됨됨이'를 뜻한다. 따라서 인성이라는 것은 곧 한 사람의 마음의 바탕과 사람됨을 가리키는 말이다.

결국 인성이란 선천적, 환경적, 후천적 요인에 의해 생애기간 누적되어 개인의 도덕적 판단 기준이 되는 것으로서, 외부의 사물이나 현상에 자극받아 일정한 경향의 반응을 보이게끔 하는 개개인의 고유의 성품을 말한다.

인성교육은 어원적 의미에 따라 3가지 측면으로 정의할 수 있다. 우선 사전적 의미의 인성교육은 '인간의 품성을 함양하는 교육'이며, 교육학적 의미로는 '인간의 성품을 올바로 갖게 하기 위하여 태도의 변화를 도모하는 윤리교육'이라 정의하고 있다.

세 번째로 사회학적 의미에 대해 알아보면 '의식구조와 행동을 변화시켜 바람직한 행동규범을 습득케 하는 교육'이라 정의할 수 있을 것이다.

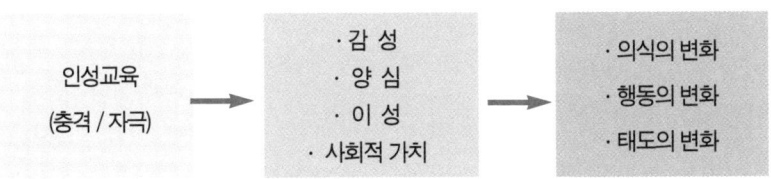

결국 인성교육이란 인간의 행동규범과 가치관 형성의 요인이 되는 감성 및 이성을 동시에 자극하여 긍정적인 의식을 고양시키고 부정적인 의식을 변화시킴으로써 새로운 가치관, 태도, 행동양식으로 인간의 품성을 함양시키는 '인간성 개발교육' 이라고 할 수 있다.

인성 교육은 왜 필요한가?

그럼에도 학생들의 인성교육(생활지도) 문제는 늘 새로운 문제에 부딪치게 된다. 물질문명과 정보통신과학이 발달할수록 인간성이 소외되고 기본 질서의식이 허물어지고, 개인용 고성능 컴퓨터와 초고속 인터넷의 대중화가 사제 관계나 교육 관계를 포함한 전통적 '인간교육' 을 실종시켰기 때문이다. 결국 정보는 많아도 지성과 이성이 빈약한 학생이 나올 가능성도 그만큼 커졌다.

내가 근무하고 있는 한국폴리텍대학의 경우도 특성상 전공 관련 교과과정 중심으로 운영되고 있어 상대적으로 교양(인성 · 사회 등) 교육은 부족한 편이다. 또한 우리 학교는 다양한 연령과 학력 등을 갖춘 학생들이 수업을 받고 있는 만큼 자라온 가정환경과 생활여건에 따라 각각이 천차만별의 성품과 인성을 형성하고 있다.

따라서 이러한 여건을 고려하면, 다른 어느 곳보다 우리 학교야말로 인간성 회복, 참된 인간 양성에 대한 전인교육이 필요할 것이다. 또한 학교교육에서의 인성교육은 교과교육과 생활지도를 포함하는 것으로서 어느 한 쪽으로 치우침 없이 상호 보완의 관계를 유지해야 한다.

나아가 장차 학생들이 취직하게 될 기업체들의 요구 또한 이와 맞닿아 있다. 근래의 기업체들은 단순히 학력이나 능력(자격증 취득 등) 보다 심성이 곧고 인성이 올바른 학생, 즉 사람 됨됨이 충만한 학생들을 요구하고 있기 때문이다.

특히 대한민국 대표 직업교육대학으로서 학생들의 인성교육의 중요성은 일반 대학이나 직업전문학교와 비교하여 학생들의 특성(입학자원, 가정환경, 기술교육, 취업 등)을 감안할 때, 그 활동 영역과 지도 방법도 다양하게 요구되며, 이 다양한 요구에 부응하기 위해서는 현재 학교에서 실시되고 있는 인성교육(생활지도) 방법에 대한 심층적인 분석과 다양한 교육프로그램은 물론, 수요자(기업체)가 요구하는 인재에 대해 능력과 학력을 증명할 만한 시스템이 필요하다.

물론 졸업증이나 수료증, 실무인증제 등이 있으나 사람 됨됨이(인성)에 대해서는 별도 이를 증명할 수 있는 시스템이 부재하니 이를 증명할 수 있는 방안도 강구되어야 할 것이다.

인성교육의 목적

인성교육은 자아성찰을 통한 자아의식 계발, 타인에 대한 이해의 폭을 확대하고 구성원 상호간 이해와 수용의 폭을 넓혀 '우리' 라는 공동체 의식 및 일체감을 조성하는데 그 목적이 있다. 또한 발표, 토론 등의 민주주의 훈련을 체험함으로써 원만한 인간관계를 형성토록 한다.

하지만 이러한 중요성의 인식과 산업체의 요구에도 불구하고 그동안 많은 학교들이 이를 교양수업에 일부 편입시키거나 적은 비중으로 다루었을 뿐, 체계적인 제도로서 이를 담보하려는 노력에는 게을렀다고 볼 수 있다.

한국폴리텍대학 역시 상대적으로 교양(직업과 사회, 건강과 능력개발-교양선택과목 등) 교육은 미비한 만큼, 교양과목을 통해 미래의 직업인이 되고자 하는 학생들이 자신에 대한 이해를 통해 삶의 방법과 인생의 목표를 설정하고 행동으로 실천할 수 있도록 도울 수 있어야 한다. 즉 직업을 갖기 위해 스스로의 생활을 지켜가며, 진지하게 수양의 길을 걸어가는 데 필요한 마음가짐과 태도, 건강하고 책임 있는 민주 시민으로서의 토대를 마련해주는 것이다.

나아가 2003년 충북직업전문학교에 근무하면서 인성교육의 한 방법으로 실시했던 '참사람인증제'[1]는 이 같은 문제점을 해결하고 보다 체계적인 인성교육을 위한 종합 프로그램이라고 볼 수 있다. 이 시스템은 단순히 교양과목 하나만 듣고 마는 것이 아니라 학생들의 생활 전반을 지도함으로써 인의예지신(仁義禮智信), 즉 인간으로서 지녀야 할 5덕을 학교생활 전 과정을 통해 형성할 수 있도록 지도하였다.

 학생 생활지도(인성교육)는 '교양과목을 통한 인성교육 ↔ 현장교육(현장훈육) ↔ 생활교육(체험 봉사활동)' 이 상호 유기적인 체계 속에서 장단기(재학 기간 전 과정) 지속되어 그 성과를 극대화할 수 있도록 고안된 교육방법이었다.

---

[1] 동국대학교에서 실시하였던 참사람인증제를 벤치마킹하여 학교 설정에 맞게 변형하여 2년 동안 적용하여 매년 졸업생 중 10%에 해당하는 학생들에게 인증서를 발급하였다. 그러나 아쉽게도 2006년 충북직업전문학교가 폐교되어 사후 분석은 실시하지 못하였다.

21세기는 인성을 갖춘 인재를 요구한다

이처럼 학생들의 인성 교육이 중요하게 여겨지기 시작한 것에는 그럴 만한 사회적 배경이 존재한다. 최근 공직이나 행정직뿐만 아니라 기업체에서도 학력이나 능력(자격증 취득 등) 이상으로 심성이 곧고 인성이 올바른 됨됨이를 요구하고 있기 때문이다.

최근 한 신문기사에 의하면, 대한상공회의소가 실시한 '대학교육에 대한 기업 만족도 조사' 결과 "기업들이 '기본인성' 과 '도전정신' 을 신입사원이 갖춰야 할 가장 중요한 역량으로 꼽았다"고 한다. 이 조사는 대·중소기업 510개 업체를 상대로 실시됐다.

여기서 우리는 기업들이 꼽은 신입사원 덕목이 '외국어 실력' 이나 '컴퓨터 활용능력' 이 아니라 '주인의식과 도전정신, 기본인성' 이라는 수요자(기업체)의 요구를 되새겨 보아야 할 것이다.

이 조사에 의하면 기업들이 신입사원이 갖춰야 할 역량으로 가장 중요하게 생각하는 항목은 '예절, 성실성 등 기본인성' (5점 만점에 4.14)과 '주인의식, 도전정신 등 적극적 태도' (4.09) 등이었다. '협동성, 타인에 대한 배려 등 팀워크 능력' (4.07), '조직문화와의 적합성 및 수용능력' (3.98) 등이 그 뒤를 이었다. 반면 '컴퓨터 활용능력 등 정보화 마인드' (3.70)와 '외국어 실력 등 국제감각' (3.41)은 중요도가 떨어졌다.

또한 기업들의 신입사원에 대한 항목별 만족도는 '컴퓨터 활용능력' (3.47)과 '업무적응력' (3.35) 등이 높았다. '예절·성실성 등 기본인성'

(3.34)과 '주인의식·도전정신 등 적극적 태도' (3.25) 등은 만족도가 상대적으로 떨어졌다.

결국 근면하고 창의적인 인재야말로 사회발전과 국가번영의 원동력이라는 사실을 우리는 다시 한 번 명심할 필요가 있다. 따라서 기업체가 원하는 인재를 양성, 학교가 증명(보증)함으로써 수요자 중심의 현장교육이 이루어지고, 기업에서 원하는 성실하고 인간성이 올바른 인재를 양성하여 배출하는 것만이 윈윈을 실천하는 지름길이라 생각된다.

인성교육은 어떻게 이루어지는가?

그렇다면 이처럼 학생들을 대상으로 한 인성 교육은 어떤 형태로 이루어질까?

지금까지 우리 대학은 전공 과목에는 적절하고 체계화된 시스템을 도입했으나 인성 교육 및 교양 과목 시스템화에는 다소 소홀했던 것이 사실이다.

그러나 최근 인성 교육을 요구하는 기업 환경의 다양한 요구에 부응하려면 체계적이면서 효율적인 교양과목을 통한 인성교육 ↔ 현장교육(현장훈육) ↔ 생활교육(체험 봉사활동)이 상호 유기적으로 시스템화되어야 할 것이다.

인성 교육 방법

단 계		교육방법
	가치의 논리적 인식	
● 인지(認知)교육		● 교양과목
	⬇	
	가치의 감화감동/신념화	
		(직업생활/직업과 사회)
● 신념화된 교육	⬇	● 현장 교육
● 행동화 교육	신념화된 가치의 행동화	● 생활교육

그리고 이처럼 시스템화된 인성교육은 다양한 과정과 재점검을 통해 더더욱 견고하고 효율적인 효과를 발휘할 수 있을 것이다.

'참사람 인증제' 란 ?

'참사람 인증제'는 재학생을 대상으로 연간 상벌점수와 인증점수(성적, 출결, 봉사활동 등 인성교육 결과를 점수화)가 일정한 점수가 되면 해당 학생에게 수료시 '참사람인증서'를 수여하여 학생의 사람됨을 보증하는 제도다. 이를 통해 학생에게는 올바른 가치관과 덕성을 함양케 하고 사회(기업체)에서는 인성이 올바른 학생을 우수한 인재로 신뢰할 수 있도록 하기 위해 추진되었다.

'참사람 인증제' 운영목적

많은 학교에서 실시하고 있는 벌점 제도를 보완하여 학생들에게 학교생활에 대한 동기부여와 자발적인 참여를 유도하여 예비 직업인으로서 지녀야 할 소양과 인격 등 건전한 직업관 및 가치관 형성은 물론 사회에서 인정받는 민주시민 육성에 목적을 두고 시작되었다.

이를 위해 일상생활 속에서 인의예지신(仁義禮智信)을 생활화하여 사회에 귀감이 되는 올바른 심성과 인품을 함양토록 인성교육을 강화하여 수요자(기업체)의 요구에 부응하는 인재를 발굴 배출하는 데 역점을 두었다.

이런 결과를 통해 학생에게 올바른 가치관과 덕성을 함양케 하고, 기업체로부터는 학생이 우수한 전문기능인으로 신뢰받을 수 있도록 하기 위한 인성교육 프로그램(참사람 인증제)을 시행하였다.

참사람 인증(성적) 기준

가. 참사람 인증서 심의 대상 자격

참사람인증서 수여 대상자 선발은 학생들의 '상벌점수'를 '인증점수'라 정의하고, 연간 상벌점수를 계량(점수)화하였다. 이 계량화된 '상벌점수'가 '인증점수'가 된다. 그리하여 참사람 인증점수(연간 총 누적 벌점 - 상점)가 5점 미만이면서 동시에 상점이 20점 이상인 학생으로서

- 출석에서는 지각과 조퇴가 각 3회 미만과 1년간 개근한 자이며,
- 성적은 전 과목 평균이 78점 이상
- 봉사활동은 연간 16시간 이상 실시한 자

이상의 조건을 모두 갖춘 학생들은 참사람인증서 대상자 선발을 위한 학사심의위원회 심사대상자가 되는 자격이 주어진다. 학사심의위원회에서는 이들 학생들을 대상으로 참사람인증서 수여자를 최종 선발하게 된다. 최종 선발된 학생들은 학과별 인원에 상관없이 전원 수료식시 수료증과 함께 참사람인증서를 수여받았다.

참사람인증서를 받은 학생들은 별도 취업현황을 관리하여 왔으나, 충북직업전문학교가 폐교되는 되는 결과로 사후관리를 지속적으로 실시하지는 못하였다.

3) 우리는 자신에게 질문을 던지면서 성장한다

"나는 누구인가?"

뜬금없는 질문 같지만, 태어나서 이 생각을 한 번도 해보지 않은 사람은 없을 것이다. 사실상 이런 질문은 한 인간으로 태어나서부터 흙으로 돌아갈 때까지 영원히 놓을 수 없는 과제라고 해도 과언이 아닐 것이다.

하지만 숨가쁘게 돌아가는 세상 속에서 대부분의 사람들은 자신이 누구인가에 대해 숙고해볼 시간이 없다.

그러나 능력 있는 사회인이 되기 위해서는 반드시 이 질문을 던지고 그에 대한 답을 찾아가야 한다. 그리고 바로 이런 점 때문에 산업사회의 최전선의 기능인을 길러냄과 동시에 기술에만 매몰되지 않고 자신에 대한 성찰과 미래에 대한 비전까지 제시하는 교육이 필요한 것이다.

스스로 대답하며 자신을 찾아간다

모든 상황에는 빛과 그림자가 있게 마련이다. 한국폴리텍대학의 눈부신 성장과 취업률은 현재 100% 완성을 향해 달려가고 있으며, 앞으로의 행보 또한 기대할 만하다는 점은 부정할 수는 없다.

다만 전체 재학생의 7%에 해당되는 10대 후반과 20대 초반의 학생들의 경우 처음 학교에 입학해 취업과 직업에 대한 의식 부족을 호소하는 경우가 적지 않다는 점은 안타깝지 않을 수 없다.

이는 학생들의 연령이나 학력에 따라 보다 차별화되고 세분화된 교육이 필요하다는 것을 보여준다. 한 예로 우리학교의 실무현장실습에 참가하지 않은 일부 학생의 경우, 약 70%가 취업에 대한 의지를 물은 질문에서 "잘 모르겠다", "일하고 싶다", "생각해 보지 않았다"라고 답변했다는 점만 봐도 알 수 있다.

또한 직업에 대한 개인의 성향 역시 '평범한 직장', '돈 많이 버는 직업'이라고 답변하는 등 직업에 대한 막연한 기대감을 갖고 있었다. 그러나 그 기대와 희망에 대한 준비 계획은 전혀 없었다.

따라서 실무적응실습을 잘 따라가는 다수의 학생도 중요하지만, 직업에 대한 혼란을 느끼거나 아직 의지가 부족한 나머지 소수의 학생에 대한 대책 역시 반드시 필요하다.

한 예로 화성 캠퍼스에서는 실무적응실습 미 참여자에 대한 연령, 학력

수준, 취업 및 직업에 대한 개개인의 수준을 분석한 바 있다.

연령으로 보면 10대 후반의 학생이 63%를, 학력은 중졸과 고등학교 재학생(위탁생)이 71%를 차지하였다. 결국 실무적응실습에 참여하지 않는 대부분의 학생들은 아직까지 취업 및 직업에 대한 교육이나 필요성을 느끼지 못하고 있었던 셈이다.

이들에게 필요한 교육은 앞서 우리가 살펴본 인성교육과도 깊은 관련이 있다. 우선 자신에 대한 객관적인 분석을 통해 스스로의 정체성을 찾도록 돕는 것이다. 그 다음 현재의 자신의 위치(학력, 신체적 조건, 기능 등)를 통해 향후 진로를 탐색해 나가는 교육프로그램을 이수할 필요가 있었다. 실제로 이 학생들과 대화를 나눠 본 결과, 이들에게 우선적으로 필요한 교육은 취업의지를 강화시키고, 직업관 함양을 위한 교육 프로그램이 필요하다는 점을 알 수 있었다.

이에 따라 화성 캠퍼스에서는 학과별 실습이나 자습을 배제하고, 학생들의 취업의지와 직업관을 형성할 수 있는 편성, 나아가 학과별 학과 실습에 대한 흥미와 동기유발을 시도했다.

내가 사용하는 교수법[2] 중에 일부는 설문을 채우는 과정으로 이루어진다. 예를 들어 나에게 중요한 인물(지금의 내가 있기까지 중요한 사람 5명), 나의 가장 소중한 것, 나의 좌우명(신조), 내가 만나보고 싶은 사람(3

---

2) 실제 2006년 학기 중 실무적응실습에 참여하지 못했던 학생들을 대상으로 수업을 진행하였음.

명), 나의 희망(가정, 직장, 사회)을 작성 후 발표토록 하는 식이다.

〈그림 - 1〉과 같이 실습지를 제작해 학습 분위기 조성(명상 / 음악 감상 등) → 실습지 배부 → 학생 작성 → 학생 발표 → 토론 → 정리 순으로 프로그램을 적용하였다.

〈그림-1〉

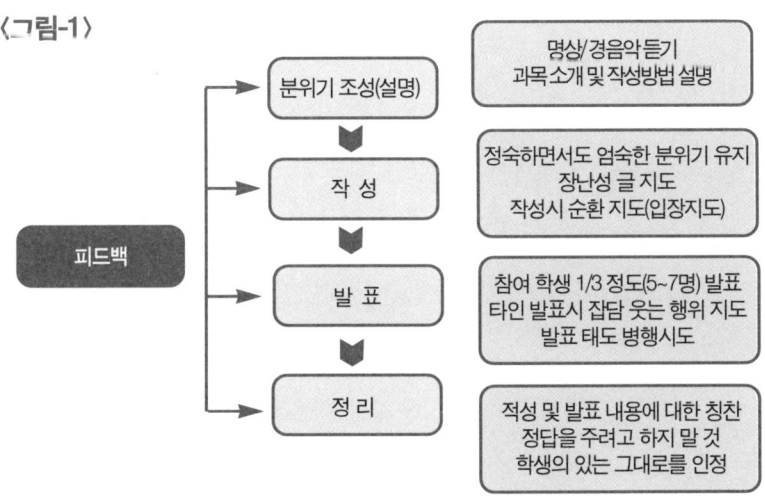

나아가 취업 및 직업관 형성을 위해서는 '자아발견 → 자아 분석 → 향후계획 수립' 의 과정의 교육을 진행하였다.

○ 1일차 : 입소식 / 학장 특강 / 나는 누구인가?,

○ 2일차 : 나는 어떤 사람인가? Ⅰ · Ⅱ / 나의 신체적 조건과 직업

○ 3일차 : 생활중심 가치관 일람표 / 일의 의미 / 자신감 갖기 / 단결활동

○ 4일차 : 진로준비 / 진로 가치관 탐색 / CEO가 말하는 인재상(초빙교육)

○ 5일차 : 활동중심 가치관 일람표 / 나는 이런 사람이 될 것이다 / 선배로부터
　　　 듣는 취업전략

○ 6일차 : 전공별 맞춤학습 / 기업체 인사담당자 초청교육

○ 7일차 : 현장견학

○ 8일차 : 전공별 맞춤학습 / 단결활동

○ 9일차 : 현장견학

○ 10일차 : 학과 순환 체험 / 자기계발을 위한 목표설정 / 소감문 작성 / 퇴소식

　　교육의 대부분은 학생 스스로 설문지를 채우도록 하는 형식으로 이루어졌는데, 이는 지금까지의 삶에 영향을 미친 지인이나 나의 모습들을 돌이켜 볼 수 있는 기회를 제공함으로써 현재 자신의 현 모습을 자각토록 하기 위함이었다. 다음은 이 수업 시간에 질문지를 제출한 한 학생의 사례이다.

나는 누구인가?

2011년   월   일   성 명

■ 나의 세계관

1. 다음의 내용을 아래의 그림 안에 써 넣어 봅시다.

  (1) 나에게 중요한 인물(지금의 내가 있기까지 중요한 사람 5명)

  (2) 나의 가장 소중한 것

  (3) 나의 좌우명(신조)

  (4) 내가 만나 보고 싶은 사람(3명)

  (5) 나의 희망(가정, 직장, 사회)

《 나의 세계관 》

①	②	
④	③	⑤

학생들이 작성한 실습지를 보면, 대부분의 어린 학생들의 경우 아직도 청소년에 머물러 있다는 생각이 들곤 했다. 서구의 교육 환경과 비교할 때 스스로 생각하는 힘을 기르기 어려운 우리나라의 교육 환경의 문제가 드러나는 것이다. 특히 대인관계에서는 아직 친구와 가족의 틀을 벗어나지 못했다는 점에서 진지한 인간관계에 대한 고민을 요구하기도 했다.

나는 어떤 사람인지를 먼저 알아야 한다

지도가 있으면 길을 잃지 않으며, 자신에 대해 잘 아는 사람은 어떤 승부에서도 승리할 수 있다고 했다. 이는 직업을 찾고 사회생활을 하는 데도 반드시 필요한 조건이다. 자신에 대해 객관적인 수치를 작성하고 이해할 수 있는 사람은 직업에서도 보다 정확하게 자신의 길을 찾을 가능성이 높다.

한 번은 내 수업 시간에 〈나는 누구인가〉라는 주제를 잡아서, 학생들로 하여금 현재 자신의 모습을 객관적(주관적인 판단도 괜찮음)으로 작성한 뒤 이를 바탕으로 향후 5년 후의 모습을 상상토록 했다.

그 다음에는 자신이 생각했던 5년 후의 계획을 달성하는 데 있어 장애(방해) 요인에 대해 알아본 후 그에 대한 해결 방안을 스스로 찾아볼 것을 권했다. 그 결과 대부분의 학생들은 방해요인으로 부모님과의 이견, 게임, 책임감 부족, 무계획 등을 거론했다.

이 부분은 현재 사회인으로서의 독립을 꿈꾸는 이들이 적지 않게 부딪치는 보편적인 문제이며, 그 문제 자체를 거부하거나 부정적으로 인식할 필요는 없다. 여기서 진짜 문제는 따로 있었는데, 학생들이 나름대로 현 상황에 대해 인식을 하면서도 해결방안을 찾지 못하고 있었다는 점이다.

〈그림 - 3〉 또 다른작성예문

나는 어떤 사람인가?

2011년 　월 　일 　성 명

1. 나의 성격의 장점을 네가지 적어 봅시다.
①
②
③
④

2. 나의 성격에서 고치는 것이 좋겠다고 생각되는 점을 네 가지 적어 봅시다.
①
②
③
④

3. 자신이 스스로 생각하기에 잘 하거나, 재주가 있거나, 능력이 뛰어나다고 생각되는 구체적인 활동이나 내용들을 네 가지 정도 적어 봅시다.
①
②
③
④

4. 지금까지 살아오면서 부모나 형제, 선생님, 친한 친구로부터 잘 한다고 칭찬이나 인정 받았던 활동은 무엇이 있었습니까?

5. 가장 잘 해 내지 못하는 일이 있다면 그것은 무엇입니까?

6. 시간 가는 줄 모르고 몰두할 수 있을 정도로 흥미를 느낀 일은 어떤 일입니까?

7. 부모님의 기대나 사회의 편견과 같은 주변의 압박감이 없다고 가정한다면, 진정 내가 평생하고 싶은 일이나 직업은 무엇입니까?

사실상 아직 어린 학생들의 경우, 자신의 문제에 정확한 해결책을 내놓고 그를 몸소 실천하는 데 상당한 무리가 따른다.

따라서 이 부분은 생활 상담을 통해 지도교수와 함께 해결방안을 찾아야 할 것이며, 나아가 이 프로그램에서 작성되고 발표되었던 내용들은 학생들의 생활 상담과 향후 진로지도에 유효한 자료로 활용될 수 있을 것이다.

신체적 조건 역시 나의 일부이다

키 작은 사람은 농구선수를 하기 어렵다. 만일 시력이 좋지 않다면 세밀한 공정 작업에는 어울리지 않을 것이다.

그럼에도 우리는 흔히 자신의 신체 조건을 직업 선택에서 배제하는 경향이 있다. 단지 꿈을 가지면 그것을 이룰 수 있다고 믿는 것이다. 하지만 신체 조건 역시 '나'를 구성하는 아주 중요한 일부 중에 하나이며, 이 신체 조건의 특성과 장단점에 따라 직업 선택 역시 달라질 수 있다.

본 과목은 아래의 내용에 따라 자신의 건강과 신체적 조건을 알아본 후 그에 알맞은 근로조건을 제시토록 한 설문지이다.

- 나의 신체적 조건

체　격			체　질		신체적장애	건강상태 종합의견
키	몸무게	가슴둘레	시력	기타 부위 건강상태	색맹, 색약, 빈혈, 난청, 후 각장애, 폐질 환, 기타( )	
			좌　　우			
cm	kg	cm				

- 나의 건강 상태

○ 나 자신은 건강하다고 생각합니까? 예 (　　), 아니오(　　)

　그 이유는 :

○ 지금까지 심한 질병을 앓아본 경험이 있습니까?

　만일 있다면 어떤 질병이며 어떻게 치료를 하였습니까?

　- 병명

　- 치료방법

　- 후유증은? 있다. (　　　), 없다(　　　)

○ 신체적 조건과 직업

○ 나의 신체적 조건과 알맞은 직업을 5가지 이상 적으시오.

- 신체적 조건 :

- 직   업 :

o 나의 신체적 장애와 부적당한 직업의 성질을 적으시오.(해당자만)

- 신체적 장애 :

- 부적당한 직업의 성질 :

o 어떤 직업에 있어서는 직업병이 생기기 쉽습니다. 그러한 직업에
  어떤 것이 있을까요?

가치관 일람표를 작성하자

"나는 과연 어떤 사람이 되고 싶고, 어떤 삶을 살고 싶은가?"

이 질문을 물었을 때 뚜렷하게 대답할 줄 아는 학생은 많지 않다. 다음은 생활 중심 가치관 일람표이다. 아래의 14가지 항목 중 자신이 생각하기에 최고의 가치가 있다고 생각하는 순으로 기록해보자. 또한 선택한 항목에 대해서는 반드시 선택한 이유를 자신의 가치관에 근거하여 기록해야 한다.

- 만족스러운 결혼생활
- 원하는 것을 할 수 있는 자유로운 생활
- 정의로운 생활
- 권력을 행사할 수 있는 생활
- 돈을 많이 버는 생활
- 친구로부터 사랑을 받는 생활
- 행복한 가정생활
- 삶을 긍정적으로 보는 자신감 넘치는 생활
- 남에게 도움을 주는 생활
- 매년 한 달간의 재미난 휴가를 즐기는 생활
- 명성과 인기를 얻는 생활
- 이성간에 진정한 사랑을 나누는 생활
- 자유로운 직장생활
- 여가시간을 잘 활용하는 생활

이중에 자신에게 중요한 가치라고 여겨지는 것들의 공통점을 찾아보고, 자신이 그런 삶을 추구하기 위해 무엇을 해야 할지를 구체적으로 열거해본다.

자기계발을 위한 목표설정

먼 여행을 떠난다고 생각해보자. 똑똑한 사람은 길을 떠나기 전에 목적지를 확인하고 지도를 그린다. 어떤 교통수단을 이용해 어디까지 갈 것이며, 그곳에서 무엇을 볼 것인지를 계획한다.

이는 우리 인생에서도 별다르지 않은 이야기이다. 자신이 계발하고자 하는 부분이 무엇인지 그 목표를 설정하고, 단계마다 적합한 계획을 세워 실천하는 일이 반드시 필요한 것이다.

같은 의미에서, 학생들 개개별이 개인별 향후 계획을 작성하는 일은 매우 중요하다. 또한 단순히 몇 년 후의 막연한 계획이 아니라 단기, 중기, 장기별 단계적으로 목표를 향한 구체적 단계계획을 수립하는 일이 필요하다.

단기 계획의 경우는 보통 1개월, 2개월, 3개월 정도로 나누어진다. 한편 중기는 2~3년 후, 장기는 10~20년 후의 계획으로 구분된다. 또한 이런 계획을 세울 시 막연하고 추상적인 계획보다는 목표와 계획을 준비함으로써 좀 더 실질적인 계획을 작성해야 한다.

나는 어떤 사람인가?

2011년   월   일   성 명

구 분				목 표
단기	2~3개월 후	1개월 후	1주	
			2주	
			3주	
			4주	
		2개월 후	1주	
			2주	
			3주	
			4주	
		3개월 후	1주	
			2주	
			3주	
			4주	
중기	2~3년 후		1년 후	
			2년 후	
			3년 후	
장기	10~20년 후			

4

한국폴리텍대학은
내 인생의 **진로학교**

1) 한국폴리텍대학은 어떤 곳인가?

최근 한국폴리텍대학의 인지도가 급상승하고 있다. 신문 지상에 높은 취업률을 염두에 두어 '취업 명문'이라고 소개되는가 하면, 현장실무능력을 중시하는 현대기술사회의 새로운 첨병으로 언급되기도 한다.

하지만 한국폴리텍대학의 인지도 상승이라는 괄목할 만한 현상 밑에, 사실상 깊은 역사와 수많은 이들의 노력이 바탕 되어 있다는 걸 아는 이들은 많지 않다.

기술학교에 대한 편견 타파, 수준 높은 전문인을 양성하기 위한 전문화된 시스템, 학문과 기술의 융합이라는 새로운 가치 형성 등 명문으로 발돋움하기 위한 부단한 노력들이 없었다면 지금의 한국폴리텍대학은 존재하지 않았을 것이다.

대한민국의 산업화 역사와 함께 하다

2006년 한국산업인력공단 산하의 1년 과정 직업전문학교와 기능대학이 정부 인프라 구축사업에 의해 한국폴리텍대학으로 통합되었다. 이를 통해 폴리텍대학은 큰 질적향상을 이뤘지만, 그 전신은 무려 수십 년 전으로 거슬러 올라간다. 쉽게 말해 한국폴리텍대학은 우리나라의 산업화 과정과 역사를 함께해온 유일한 직업교육 대학이라고 할 수 있다.

박정희 대통령은 우리나라 산업화의 시작을 알린 대통령으로서 산업화를 앞당기기 위해 기능인력 양성과 직업훈련에 큰 관심을 가진 바 있다. 그 결과 박정희 전 대통령이 집권기인 1968년, 인천에 노동청 산하의 중앙직업훈련원이 설립됐고, 1973년에는 재단법인 정수직업훈련원이 출범했으며, 이후 1977년 기능대학법이 재정되면서 창원기능대학이 개교했다.

그리고 그로부터 무려 30년이 흐른 2006년 3월, 정부의 공공기관 선진화방안에 따라 전국 24개의 기능대학과 19개의 직업전문학교가 통합되면서 '한국폴리텍대학'이 탄생한 것이다.

한국폴리텍대학의 이름에는 우리 학교가 추구하는 바가 고스란히 담겨 있다. 'Poly'는 종합을 뜻하는 의미이며, 'Technic'은 기술을 뜻하는 의미로서 한국폴리텍대학은 명실공히 대한민국 최고의 기술종합학교이다. 현재 한국 한국폴리텍대학은 현재 전국에 11개 대학, 34개 캠퍼스를 구축해 우리나라 최대의 공공직업훈련을 담당하는 기관으로 자리잡았다.

능력 있는 이들에게 수준 높은 교육을 제공

한국폴리텍대학은 다양한 면에서 여타 전문학교와 큰 차별화를 가지지만, 그 중에 가장 눈에 띄는 것은 첫째, 높은 취업률, 둘째 공공직업훈련학교라는 이름에 걸맞게 능력 있는 이들에게 '기회 균등'의 가치를 제공하는 대한민국 대표 직업교육대학이라는 점이다. 현재 한국폴리텍대학의 과정은 다기능기술자과정(전문대학)과 기능사과정(직업교육)으로 운영되고 있는데, 이 과정을 통한 취업률이 괄목할 만한 성장을 이루고 있다.

다기능기술자과정의 경우 지난 2006년부터 2008년 졸업생의 취업률이 무려 90%를 웃돌았다. 또한 기능사 과정은 2006년부터 2009년까지 졸업생 취업률이 85%를 웃돌고 있으며, 다기능 기술자 과정은 2011년도 취업률 85.6%(전문대학 60.7%)로 대학 취업률 1위로 나타났으며, 해마다 취업률이 완만하게 상승추세를 보이고 있다.

한국폴리텍대학이 이처럼 90%를 웃도는 취업률 기록을 이어가고 있는 것은 다양한 이유가 있겠지만 시대의 변화보다 반걸음 앞서는 교육 시스템과 전문성 획득 등이 근본적인 이유일 것이다.

실로 한국폴리텍대학은 2010년 교육과학기술부 취업률 공시기준으로 144개 전문대학과 겨뤄 당당히 4위의 성적을 거둔 바 있고, 국민권익위원회가 실시한 공공기관 청렴도 평가에서도 '매우 우수' 등급을 받았다.

또한 기획재정부 주관 고객만족도 조사에서는 최고등급인 '우수' 등급

을, 그리고 'BEST HRD(공공부문 인적자원개발 우수기관)' 기관으로
선정된 바 있다.

공공성에 바탕한 풍부한 지원

나아가 한국폴리텍대학에 지원하는
학생들이 크게 염두에 두는 부분 중에 하나가 한국폴리텍대학의 공공성
이라는 점도 주목할 만하다.

한국폴리텍대학은 정부 지원이라는 커다란 메리트 하에서 공부할 수
있다는 장점이 있기 때문이다. 2년 학위과정의 경우 전국 79개 학과가 개
설되어 있고 고용노동부 산하 국책특수대학으로 운영되는 만큼 등록금
이 타 전문대 대비 절반 수준인 한 학기당 120만원 선이며 기숙사비와 일
부 교재가 무료다. 고교 졸업 학력을 가진 사람이면 나이 제한 없이 누구
나 지원할 수 있고 전문대학 및 4년제 대학 동시 지원이 가능하고 수능을
보지 않고도 입학이 가능하다.

기능사 과정의 경우 전국 60개 직종이 개설돼 있으며 이론과 실기 3대
7로 교육비, 실습재료비, 기숙사비, 식비는 전액 무료다. 또한 우선선정직
종 입학자는 교통비포함 월 25만원의 수당을 지급하며 성적우수자에게
는 각종 장학금 혜택이 주어진다. 특히 한국폴리텍대학의 장학제도는 유
례를 찾아볼 수 없을 만큼 폭 넓어서 총 인원의 30%가 장학 지원을 받고

있으며, 수혜자들의 경우 100%에서 50%까지 학비 지원이 가능하다.

또한 재학 중에 부여되는 해외연수의 기회도 한국폴리텍대학의 메리트라고 할 수 있다. 연수비용을 전액 대학에서 지원해주기 때문이다.

나아가 최신식 교육 장비에 우수한 교수진은 물론, 학비 부담이 작고 취업이 잘되는 실사구시의 대학, 기술, 학위, 자격증, 취업을 모두 한꺼번에 잡을 수 있어서 가계 부담이 훨씬 덜하다.

여타 대학의 학생들은 아르바이트와 대출로도 등록금을 충당하기에 부족한 반면, 폴리텍 대학의 학생들은 저렴한 학비에 보장된 취업으로 여유로운 캠퍼스생활을 즐길 수 있는 것이다.

고학력자의 새로운 직업 발견

한국폴리텍대학의 입학자 절반이 전문대졸 이상의 고학력자라는 점은 최근 고학력자 청년실업이 화두가 되고 있다는 점을 보여준다. 여타의 대학에서 전공을 공부한 사람들도 또다시 취업에 특화된 교육 과정을 찾는 것이 일반화 되었다는 뜻이다.

한국폴리텍대학 자체 조사에 의하면 2010학년도 직업교육훈련(기능사 1년)과정의 고학력자 입학율이 47.0%로 집계됐으며, 이는 "융합형 교육훈련 시스템, 현장실무중심 강의, 맞춤훈련 등이 고학력자들의 관심을 불러일으키고 있는 것" 으로 평가되었다.

2010학년도 전체 입학생 중 29세 이하 청년실업자가 78.1%며, 고학력자 입학률이 2006년 34.9%에서 2010년 47%로 지속적인 증가추세를 보이고 있는 것이다.

현재 한국폴리텍대학은 고학력 청년실업 해소를 위해 대졸미취업자 '청년실업특별과정'을 운영하고 있다. 2010학년도 한국폴리텍IV대학 대전캠퍼스 전기시스템제어 30명 대상에서 2011학년도 7개 권역대학 240명으로 확대 운영할 예정이며, '선도학과', '녹색·미래신성장동력하과' 등 향후 인력수요증가가 예상되는 미래산업분야 교육을 강화하고 있다.

또한 실질적인 취업 인력을 양성하기 위해 2개 이상의 기술 융합을 교육하는 융합형 테크니션 양성을 위해 시범운영했던 9개 학과를 2011년에는 30개 학과로 확대할 예정이다. 크로스오버 과정은 한 분야의 전공능력 취득자가 한국폴리텍대학에 입학해 현장중심의 전공능력을 추가로 습득 후 융합형 전문분야에 취업 할 수 있는 교육모델로서 높은 평가를 받은 바 있다.

현재 2010학년 크로스오버 시범운영 학과의 고학력자 입학률 평균은 77.5%, 총 9개 학과 중 3개 학과는 100%가 고학력자로 융합형 교육에 대한 고학력 청년실업자들의 관심이 매우 높은 것으로 파악됐다.

01 한국폴리텍대학에는 어떤 과정들이 운영되고 있는지 알고 싶습니다.

- 다기능기술자과정은 2년제 산업학사 학위과정으로서 생산 공정에서 기술자와 기능인을 연결하는 중간기술자 과정을 말합니다.

- 기능사양성과정은 1년 과정과 6개월 과정이 있으며, 취업의지가 높은 15세이상의 비진학 청소년, 청년실업자, 군전역자, 취약계층 등을 대상으로 기초 기술지식과 기능 연마를 제공하는 과정입니다.

- 기능장과정은 2년과 1년과정이 있으며, 생산현장의 기능인력을 지도·감독하는 기능계 최고의 숙련 기능인을 양성하는 과정입니다.

02 한국폴리텍대학(주간,야간)에 입학하려면 어떻게 해야 하는지 알고 싶습니다.

- 다기능기술자과정의 주간과정 입학자격은 고등학교 졸업(예정)자 및 이와 동등이상의 학력 소지자, 야간과정은 주간과정과

동일한 학력을 가지고 있으며 2년 이상의 산업체 근무경력자 및 재직자에 한하고 있습니다.

- 기능사과정은 15세 이상으로 취업을 원하는 자로 학력의 제한이 없습니다.

- 기능장과정은 기능사, 산업기사 자격증 소지자 빛 기능장 응시종목 관련 동일 직무분야에 1년제는 11년 이상의 실무경력자이어야하며, 2년제는 10년 이상의 실무경력자이어야 가능합니다.

03 수시와 정시에 대하여 궁금하고, 수능을 보지 않았는데 입학이 가능한가요?

물론 입학이 가능합니다. 한국폴리텍대학은 전형방법에 따라 차이가 있고, 전형은 학생부, 수능, 면접등으로 모집을 하며 전형일정은 수시모집과 정시모집으로 구분되어 있습니다. 전형방법에 따라 일반전형, 특별전형, 정원외 특별전형으로 나뉘어 모집을 하고 있습니다.

- 일반전형은 고등학교 졸업(예정)자 또는 이와 동등 이상의 학력이 있는 자로 학생부, 면접, 수능, 검정고시 성적등이 반영되며,

- 특별전형은 산업체근무 경력 6개월자, 국가기술자격법에 의한 기능사 이상 자격증 소지자, 전문계 고등학교 또는 인문계고등학교 전문계반 졸업(예정)자, 직업전문학교 1년 이상 이수(예정)자로 직업교육 훈련촉진법 제2조 2호의 규정에 해당하는 자이며,

- 정원외 특별전형은 군위탁생, 산업체 위탁생, 장애인 복지법 제29조의 규정에 등록한 장애인, 외국인(북한이탈주민, 해외동포 포함), 전문대 졸업(예정)자 또는 동등 이상의 학력 소지자가 입학을 할 수 있습니다.

04 일반 전문대학 및 4년제 대학에도 지원을 하였는데, 중복지원이 가능한지요?

한국폴리텍대학은 일반 전문대학 및 4년제 대학과는 별도의 전형으로 학생모집을 하고 있으므로 중복 지원이 가능하며, 1개 대학 34개 캠퍼스로 운영을 하고 있습니다. 각 대학 내에서는 중복으로 각 캠퍼스를 지원할 수 없으며 대학 간에는 상호 지원을 할

수 있습니다.

※ 이중등록 유의사항 : Ⅰ대학 내에는 서울정수, 서울강서, 성남캠퍼스가 있는데 서울정수에 지원을 하게 되면 서울강서, 성남에는 지원을 할 수 없습니다. 그러나 Ⅱ 대학의 인천캠퍼스, Ⅲ대학의 춘천캠퍼스, Ⅳ대학의 대전캠퍼스에는 지원이 가능합니다. 전체적으로 원서를 낼 수 있는 경우 11개 대학의 캠퍼스 1군데씩 지원이 가능하므로 11개의 원서를 응시할 수 있게 됩니다.

05 기숙사 입사 신청 및 장학생 제도는 무엇이 있나요?

기숙사비, 운영, 선발등은 각 캠퍼스별로 별도로 운영하며, 기숙사비는 저렴하게 운영을 하고 있습니다.(대략 5~7만원 정도) 장학제도는 대내 장학금과 대외 장학금으로 구분하여 지급하고 있으며 대내 장학금은 이사장장학금, 성적우수장학금, 보훈 및 북한이탈주민 장학금, 직계자녀 장학금, 공로장학금, 복지장학급, 근로 장학금, 기성회 장학금등을 지급하고 있으며 각 캠퍼스의 대외장학금은 삼성고른기회 장학금, 동아꿈나무장학금, 고려용접봉 장학금 등의 장학금을 지급하고 있습니다.

2) 폴리텍은 이렇게 공부한다

지난 몇 십 년간 산업사회 구조의 다변화와 교육패러다임의 변화는 우리나라 대학들에 막대한 영향을 미쳤다. 이전의 상급 학교는 오랜 유교사회의 전통 속에서 인격을 도야하고 학자의 길을 걷기 위한 도정이었다면, 세계화와 글로벌화를 맞이한 이 사회 속의 대학은 보다 전문적인 직업인을 양성하는 것이 주요 목적이 되었다.

특히 90대 중반 이후 시작된 기업들의 대학재단 후원과 연계, 나아가 외환위기 이후로 극심해진 실업난 등도 대학에 기술과 지식의 전문성을 통해 보다 현실적인 인재를 길러낼 것을 요구하게 되었다.

이 같은 변화 속에 한국폴리텍대학은 산업기술변화에 대처하고 산업체 인력수요에 부응하는 특성화된 학사운영시스템을 개발할 필요를 느끼고, 현재 전 캠퍼스에서 현장실무중심의 교육을 지향하고 있다. 바로 FL system이라는 학사제도가 그것이다.

"간판보다 실력의 실사구시, 실용의 직업 중심 대학" 이라는 목표 하에 취업률뿐만 아니라 취업의 질을 높이기 위해 국내대학 최초로 산업현장과 강의실을 연동시킨 FL시스템과 기업파트너십 제도를 자체 개발, 운영하기로 한 것이다.

FL 시스템이란 무엇인가?

한국폴리텍대학의 인지도 상승에는 확연한 이유가 있다. 학문의 상아탑에 갇히지 않고 실제 생산현장에서 활용 가능한 교육, 공급자 중심이 아닌 기업 수요사 중심의 교육시스템을 지향하는 것이 한국폴리텍대학의 힘인 것이다.

Factory Learning System은 기업현장에서 이뤄지는 모든 과정을 그대로 강의실로 옮겨와 기업에서 필요로 하는 현장 기술을 중심으로 강의하고, 고객의 눈높이, 인사이트에 맞는 맞춤형 교육서비스를 제공하는 시스템이며, 한국폴리텍대학이 이처럼 현장실무중심의 교육 시스템을 마련한 것은 현재의 기업 환경과 발맞추어 나가고자 하는 노력에서 비롯되었다.

주변을 둘러보자. 일반적으로 기업체에서 신입사원을 받아들여 조직에 걸맞게 교육하는 데 보통 6개월에서 1년이라는 기간이 소요된다. 이는 일차적으로 대학 교육과 기업 실무 사이의 괴리감이 크기 때문이다.

즉 수습기간 없이도 실무를 수행할 수 있는 인재를 양성하는 것이 최선책이다.

한국폴리텍대학이 국내 대학으로는 최초로 산업현장과 연계한 현장 실무중심 학습형태인 FL(Factory Learning)시스템을 도입, 기업과 공동으로맞춤형 교육을 실시하게 된 것도 위와 같은 이유 때문이다.

이 시스템은 1년 2학기제를 3학기제로 변경하고 자기주도형 교육 등으로 수업의 형식을 전면적으로 개편한 것이다. 교과과정 편성과 수업방식 등이 모두 산업체와 공동으로 진행되고, 매년 한 학기는 기업에서 인턴십을 이수하게 된다.

또한 2년 학위과정에 입학한 1학년생들은 여름, 겨울 두 번의 방학을 기업에서 현장연수를 하며 기업과 취업을 확정하는 경우도 있다.

FL시스템의 도입 성과는 신속하게 드러났다. 첫 졸업생을 배출한 올해, 취업률 100%와 평균연봉 2100만원 달성이라는 양질의 취업성과를 거뒀으며, 졸업 전부터 취업이 예약되는 사례가 증가하고 고액 연봉을 제시하며 구인 요청을 하는 기업도 늘어나 오히려 공급할 인원이 모자랄 정도다.

또한 작년 8월에는 FL시스템의 우수성을 인정받아 지식경제부로부터 한국서비스품질우수기관 인증을 받았고, 10월에는 기업과의 산학연 프로그램을 훌륭하게 운영한 공로로 제9회 중소기업 기술혁신대전에서 산학연 유공단체부문 국무총리 기관표창을 받았다.

취업도 맞춤형으로 지도한다

최근 청년실업이 높은 수치를 기록하고 있는 가운데 한국폴리텍대학의 경이로운 취업률은 많은 주목과 관심을 받을 수밖에 없는 상황이다.

사실상 청년실업은 불안한 취업 시장과 경제 침체에 큰 원인이 있지만, 적극적으로 기업과 소통하려는 노력이 결여된 교육에도 문제가 있다고 보는 것이 현실적이다. 4년 또는 2년을 공부하고도 막상 취업해서는 모든 것을 새로 시작해야 하는 경우가 적지 않기 때문이다.

21세기를 정의하는 개념 중에 하나가 바로 맞춤형이다. 대량생산의 시대가 지나고 개개별의 욕구가 중요해진 시대, 이제 세상은 각각의 욕구와 포지션에 걸맞은 맞춤형 상품들이 각광받고 있다.

이는 교육에서도 마찬가지이다. 극심한 취업난 시대를 맞이해 대학들은 이제 보편적이고 광범위한 교육보다 당장의 실무에 적용 가능한 실용적 교육에 주안점을 두고 있으며, 기업 역시 대학에 현장실무 교육을 요구하고 있다.

한국폴리텍대학만의 또 하나의 교육 시스템인, 입학에서 졸업까지 운영되고 있는 학생 맞춤형 취업 프로그램도 이 같은 시대적 요구에 주안점을 두고 진행되고 있다.

이 프로그램은 기업 적응력과 실무능력을 높이기 위해 입학 때부터 학생 개인이 취업 목표를 설정, 상담을 통해 취업을 지원하는 제도로서, 현장중심학습 시스템 하에서 학생 중심의 소그룹 지도 교수제를 토대로 운영된다.

교수 1인당 10개 기업을 전담·운영하는 '업전담제'와 더불어 교수들이 매일 '기업일지'를 작성하는 등 학교와 기업의 일체화를 통해 산업체의 기술동향을 빠르게 익히고 이에 맞는 고급 기술 인재를 양성하는 동시에, 학생에게 적절한 상담과 지도를 지속적으로 제공함으로써 외부와의 단절을 극복하고 취업 시장의 요구를 꾸준히 전달해 시간과 노력을 절약하는 것이 이 프로그램의 목적이다.

나아가 현장 전문가가 문제를 출제하고 평가함으로써 학생의 실무능력을 보증하는 실무능력인증제도 맞춤형 프로그램에 포함된다.

나아가 FL시스템은 해외에서도 크게 주목을 받은 바 있다. 2010년 3월 베트남 직업훈련원장 및 교사 15명이 한국폴리텍대학을 방문해서 FL 시스템 벤치마킹을 시도했다.

이는 베트남의 직업훈련 방향을 결정하기에 앞서 한국의 선진 기술교육을 배우기 위한 것으로, 이날 간담회에서 이들은 산업현장과 강의실을 연동시킨 FL 시스템을 베트남의 직업훈련에 적용하겠다고 발표한 바 있다.

전인적 교육을 통한 창조적 인재 양성

한국폴리텍대학이 2009년 축전에서 발표한 교육 목표는 한국폴리텍대학의 특수한 단면을 보여준다. 이사장은 이 축전에서 한국폴리텍대학의 교육 취지를 다음과 같이 밝혔다.

"표준화되고 세분화된 '전공형 인간' 보다는 능동적이고 창의적인 '전인적 인간' 을 길러내는 것이 한국폴리텍대학의 목표다. 이제 한 가지 기술로 승부하는 시대는 갔으며, 다양한 기능과 창의성을 갖춘 사람이 살아남는 시대가 된 만큼 틀림없이 성공할 것이다."

이는 국내 대학 최초로 융합형 테크니션 양성 시스템을 통해 두 개 이상의 학문을 융합해 공부하는 학문 융합형(cross over) 인재 양성에 대한 개괄이다.

최근 우리가 살고 있는 사회는 또 하나의 화두인 컨버전스를 통한 창조적 업무 방식을 지향하고 있다. 하나의 지식과 기술에 그것을 실질적으로 응용할 수 있는 또 다른 지식을 접목시켜 실질적인 업무 진행에 도입할 수 있는 능력이 요구되는 것이다.

이에 걸맞게 한국폴리텍은 산업인재를 길러내겠다는 취지 하에 실질적인 측면에서 취업과 연관된 2개 이상의 분야에서 전문적 지식을 습득할 수 있는 기회를 마련하고 있다. 용접기술과 잠수기술을 함께 배우는 산업잠수과라던지 의용공학과 기계제작을 동시에 배우는 원주캠퍼스의 의료기기제작학과 등이 대표적이다.

이처럼 한국폴리텍대학에서 융합형 테크니션 양성에 심혈을 기울이게 된 바탕에는 중요한 이유가 있다. 대학을 졸업한 학생들이 이 대학에 재입학해 다른 학문을 공부한 뒤, 두 개의 전공이 융합된 분야에 취업하는 사례가 많다는 점에 착안해 새로운 전공을 창출한 것이다. 나아가 업무에서 실질적으로 사용할 수 있는 2개 이상의 기술을 습득할 경우 그 부가가치는 상상 이상으로 크다.

우선 취업이 쉽다. 또한 고소득 직종을 얻을 기회가 많고, '국제적인 인재상'에 가깝기 때문에 해외 취업 가능성 또한 상대적으로 높다는 점도 융합형 교육의 뛰어난 장점 중에 하나이다.

3) 지역 경제와 더불어 성장하는 한국폴리텍대학

한국 한국폴리텍대학은 무려 34개의 캠퍼스로 이루어져 있으며, 이 캠퍼스들은 전국 곳곳에 산재해 있다. 즉 수도권 중심으로 운영되는 학교가 아니라 전국의 지역사회와 긴밀하게 연계하고 지역경제에 일조하는 면모가 강하다고 할 수 있다.

실제로 현재 각 지역의 한국폴리텍대학은 지역 경제의 한 축을 담당하는 가장 뛰어난 인재양성학교로 일컬어지고 있으며, 많은 지역 기업들로부터 러브콜을 받고 있다.

지역 반도체 공장의 기수가 되다

2010년 10월에는 경인주물공단사업협동조합이 한국폴리텍대학 남인천캠퍼스와 업무협약(MOU)을 맺고 산학공동발전과 지역경제 발전을 위해 협력한 바 있다.

이 협약에 따라 남인천 캠퍼스는 신소재 응용학과와 맞춤형 교육훈련

프로그램을 확대하고, 주물조합은 우수학생에 대한 장학금 지급과 재학생들의 산업현장 활용을 활성화시키는 등 상호 기술교육에 관한 컨소시엄을 운영할 방침이다.

나아가 경기남부지역에 위치한 한국폴리텍여자대학 역시 자동차와 반도체 관련 기업체가 상당수 입주해 있는 안성, 평택 지역에서 국내 유일의 이공계 여자대학으로서의 위상을 드높이고 있다.

현재 한국폴리텍여자대학에는 반도체 관련학과가 4개나 된다. 반도체 레이아웃(Layout) 전문가를 양성하는 반도체 CAD과, 반도체 제조장비를 설계하는 CAD&모델링과, 반도체 및 디스플레이 관련 산업분야에서 나노단위까지 측정할 수 있는 나노측정과, 제조공정 및 펌웨어 제어를 다루는 디지털정보과가 있다.

그런데 최근 들어 한국폴리텍여자대학에 희소식이 날아들었다. 이 지역에 차후 삼성전자, LG전자 등 대규모 산업단지가 들어설 예정인 것이다. 2011년에는 LG전자가 1천억 원을 투자해 평택시에 금형기술센터를 설립할 예정이며, 삼성전자 또한 평택 고덕신도시 내에 대규모 전용산업단지를 조성한다. 이 단지는 395만㎡ 규모로 개발될 예정이며, 이곳에는 반도체 공장과 태양전지, 의료기기 등 신수종사업 관련 생산시설이 들어선다.

즉 이 두 공장이 완공될 경우 수원-화성-평택-천안-아산으로 이어지는 삼성벨트 중앙에 한국폴리텍여자대학이 위치하게 되며, 이는 차후 한국폴리텍여자대학에 큰 기회가 될 것으로 보인다.

국책사업에 필요한 기능 인력을 키워낸다

나아가 2009년에는 삼척시에 LNG생산기지, 종합발전단지, 소방방재산업단지 조성 등 대형 국책사업 추진에 필요한 전문 기능인력 양성을 위해 ㄴ녁닌 삼칙전지공고에 한국폴리텍대학 강릉캠퍼스 삼척이동훈련센터가 들어서기도 했다.

이곳은 삼척시와 인근 지역 만 15세 이상 주민을 대상으로 용접, 전기, 전자, 냉동 등 4개 분야에 20명씩 교육생을 받아 교육을 실시하는 곳이다. 그간 LNG생산기지와 종합발전단지, 소방방재산업 단지 등 대형 국책사업 추진에 필요한 전문 기능 인력을 양성하기 위해 삼척시가 한국폴리텍대학과 교육기관 설립을 추진한 결과다.

교육은 3개월 과정으로 연간 3회 실시되며, 이 교육에는 한국폴리텍대학 강릉캠퍼스 교수진이 참석한다. 교육생들은 1개월간의 이론과 2개월간의 실습 교육을 수료하고 자격증을 취득한 뒤 삼척에서 추진하는 주요 국책사업 추진 사업체 등에 우선 취업하거나 고용지원센터 구직등록을 통해서도 일자리를 추천받게 된다.

이는 대형 국책사업 추진에 필요한 기능 인력을 지역에서 양성할 경우 일자리 창출과 인구 증가, 지역 경제 활성화에 큰 도움이 될 것이라는 정부의 판단 하에 한국폴리텍대학 강릉캠퍼스와 기능인력 양성에 관한 협약을 체결한 결과이다.

강릉캠퍼스는 신규 학과 개설과 훈련비 지원, 취업지원 등의 지원을 받게 될 예정이며, 지역 사업에 필요한 기능 인력의 산실로 자리 잡게 될 예정이다.

5

자랑스러운 졸업생 사례
꿈과 **희망**을 찾아서

방황의 시간을 마치며

공　과 : 산업설비과

졸업년도 : 2004년 17기

성　명 : 이 주 현 (18세)

근 무 처 : 윈테크

　저는 채 고등학교를 마치지 못했습니다. 고등학교 1학년 때 친구들과 무리를 지어 큰 다툼을 한 일 때문이었습니다. 싸움 사건이 일파만파로 퍼져 결국 학교를 자퇴하게 되었고, 주변의 차가운 시선과 죄책감으로 인해 많은 방황을 했습니다.

　조금만 더 깊이 생각해보았으면 저지르지 않아도 됐을 일을 후회하며 여러 번 심기일전하려 노력했지만 너무 어린 나이에다 번번이 결심이 무너지면서 어느 것 하나 제대로 해낼 수가 없었습니다. 다른 친구들은 학교에서 공부하며 소중하게 보내고 있을 시간에 저는 부모님께 걱정만 끼쳐 드리는 아들이었습니다.

어머니는 아침마다 아이들이 교복을 입고 가방 메고 학교 가는 모습만 봐도 눈물을 흘리셨습니다. 주변의 차가운 시선도, 멍하니 보내는 시간들도 견딜 수 있었지만, 무엇보다 괴로운 것은 어머니의 그 눈물이었습니다.

새 진로를 찾아야 되겠다는 생각을 여러 차례 하면서도 선뜻 결심을 하지 못하던 차에, 막연했던 제게 등불과 같은 희망이 다가왔습니다. 답답해서 산책을 하던 차에 발견한 한국폴리텍대학(구 충북직업전문학교)의 신입생 모집 광고였습니다.

사실 처음 그걸 보았을 때는 과연 나도 저기를 갈 수 있을까, 아직 내게도 기회가 있을까 하는 생각을 했던 것 같습니다. 그러다가 진로 상담이라도 받고 싶어서 학교를 방문했고, 친절한 지도와 함께 검정고시 합격 후 산업설비과를 권유받았습니다.

사실 그 때만 해도 저는 산업설비과가 뭘 하는 곳인지 어떤 직업을 갖게 될 과인지 아무것도 모르던 때였습니다. 다만 공과 선생님의 친절한 상담과 설명을 듣고 내 학력과 능력으로는 산업설비공과 적합하다는 생각이 들어 입학을 결심하게 되었고 1년 반의 노력 끝에 검정고시에 합격했습니다. 그 짧은 시간의 판단이 저의 삶을 바꿔놓은 것입니다.

제가 검정고시에 합격한 날, 부모님은 뛸 듯이 기뻐하셨습니다. 그날 오랜만에 우리 가족은 슬프거나 두려움이 아닌 기쁨과 희망이 가득 찬 저녁식사를 했습니다. 그리고 이후에도 몇 번의 진로 지도와 진학 지도를 받고 드디어 학교 입학에 성공했을 때, 제게는 그곳이 최고의 명문이자 구원의 동아줄처럼 느껴졌습니다.

하지만 시련은 금방 끝나지 않았습니다. 막상 입학은 했지만 공과 수업은 제게 너무 어려운 과제였고, 매순간 수업을 따라가는 것만 해도 벅찰 정도였습니다. 번번이 수업에서 좌절하자 또 다시 반항심이 솟아오르고 나 자신에게 실망하는 일이 많아졌습니다.

만일 그 순간 저를 믿어주신 선생님들과 동기들이 없었더라면 아마 저는 끝까지 몫을 다하지 못하고 학교를 그만두어야 했을 것입니다. 학교에 들어가서 느낀 것은 많은 친구들이 저보다 힘든 상황에서도 더 열심히 공부하고 자신의 꿈을 향해 나아가고 있다는 점이었습니다. 그 친구들을 보면서 저는 제 힘든 문제는 아무것도 아니며, 스스로 불평하고 괴로워하는 마음을 줄여나갈 수 있었습니다.

막상 열의가 붙다 보니 어려웠던 공부에도 욕심이 생기고, 모르는 것은 친구들과 선생님들께 물어가며 힘들게나마 진도를 따라잡을 수 있었습니다. 정말이지 태어나서 무언가를 그렇게 열심히 해본 것은 이때가 처음이었던 것 같습니다.

이제 저는 번듯하게 산업설비사로서 직장에 다니고 있습니다. 지금 다시 느끼는 것이지만 한국폴리텍대학은 제 인생에서 가장 중요한 선택이었다고 느낍니다. 지금 저는 다른 대학에 진학한 친구들보다 먼저 취업을 해서 집안의 생계 큰 부분을 책임지고 있습니다. 그간 우리 형제를 위해 고생하신 어머니를 편하게 모실 날이 얼마 안 남았다고 생각하니 마음이 한결 가벼워집니다. 내가 지켜야 할 사람이 있으니, 일에 대한 보람도 다른 사람들보다 클 수밖에 없습니다. 앞으로 이떤 시련이 온다 해도, 한국폴리텍대학에서 열심히 살았던 때를 떠올리면 충분히 이겨나갈 수 있을 것 같습니다.

학교에 다니는 동안 매번 포기하시지 않고 제게 희망과 용기를 주신 선생님들과 동고동락하며 학업을 했던 동기생들에게도 고맙다는 인사를 전합니다. 그리고 어머니, 못난 저를 끝까지 사랑해주신 제 최고의 친구이신 우리 어머니, 평생 은혜 잊지 않겠습니다. 사랑합니다.

위기를 기회로 생각

공　과 : 카일렉트로닉스 공과
졸업년도 : 2002 년 15기
성　명 : 홍 경 수 (31세)
근 무 처 : 충주 대광공업사

　아직도 95년 새한미디어에 입사했을 때를 떠올리면 입가에 미소가 떠오르곤 합니다. 당시 저는 세상 모든 걸 얻은 기분이었고, 눈앞에는 밝은 미래가 펼쳐져 있는 것 같았습니다. 그야말로 천신만고 끝에 얻은 직장이라 더욱 큰 꿈에 부풀어 있었는지도 모릅니다.

　저는 충북 제천의 작은 시골마을에서 학창시절을 보냈습니다. 공부를 더 하고 싶은 마음은 굴뚝같았지만 근근이 농사로 생계를 이어가시는 부모님께 짐을 얹어드릴 수는 없었습니다. 결국 어려운 가정형편 때문에 대학 진학을 포기하기로 결정한 날, 혼자 이불을 뒤집어쓰고 눈물을 흘렸습니다. '다른 친구들은 다 가는 대학을 왜 나만 못 가나' 하는 생각에 열등감은 커졌고, 그 열등감이 다시금 제어하기 힘든 분노와 반항으로 표출되었습니다.

결국 저는 당시 단양에 있는 공업고등학교에 입학했고, 이후부터 방황의 날들이 펼쳐졌습니다. 하지만 그 기간도 길지 않았습니다. 저를 위해 고생하시는 부모님을 곁에서 지켜보면서 조금씩 철이 들면서 마음도 달라졌습니다. 가족들이 함께 서로를 돌보며 살아갈 수 있는 것만으로도 행복이라고 생각하게 되었습니다.

그렇게 무사히 학교를 졸업하고 군복무를 마치고 난 뒤, 또 다시 새로운 기회가 다가왔습니다. 어렵게 입사 시험을 치르고 당당히 새한미디어에 입사하게 된 것입니다. 첫 출근하던 날 저보다 더 기뻐하시는 부모님의 모습을 보며, 앞으로 부모님을 편하게 모시겠다고 맹세하고 또 다짐했던 기억이 납니다.

그러나 부모님과 제 기쁨은 오래 가지 못했습니다. 98년 IMF 위기 속에서 많은 어려움을 겪던 회사가 2000년 워크아웃(기업구조개선)기업으로 분류된 것입니다. 이후 회사의 모든 권한이 채권단 집행으로 넘어가게 되었고, 이때부터 회사 내에 명예퇴직이라는 말이 수군수군 돌기 시작했습니다. 입사할 때는 평생 이 직장에서 뼈를 묻자고 생각했던 바가 물거품이 되는 순간이었습니다.

많은 고민을 거듭하고 잠 못 이루던 어느 날, 우연한 기회에 한국폴리텍대학의 신입생 모집광고를 보게 되었습니다. 사실 잘 다니던 직장이 있던 상황에서 갑작스레 다시 학생이 된다는 것은 쉬운 일이 아니었습니다. 지난 7년 동안의 직장생활은 직장인으로서의 나만이 아닌 한 가정의 가장으로서 남편이자 아빠로서의 막중한 임무도 있었기 때문입니다.

하지만 학교를 방문해 담당 교수님과 면담을 진행하면서 결국 한국폴리텍대학에 입학을 결심하고, 동시에 7년간 다니던 직장을 퇴직하기로 결심했습니다. 당시 제가 그처럼 힘든 결심을 할 수 있었던 것은 "지금까지 살아온 삶보다는 앞으로 살아갈 삶이 더 많다"는 생각 때문이었고, 또한 한국폴리텍대학에 대한 믿음이 있었기 때문입니다.

이때부터 저는 새로운 삶을 위한 도전을 시작했습니다. 한국폴리텍대학에 입학하면서 실업자 재취직이라는 신분에 해당되어 학비의 많은 부분을 국비로 지원받았고 그 외의 보조금들을 통해 가계의 부담을 최소화할 수 있었습니다.

때로는 저보다 훨씬 어린 동생들과 공부한다는 것이 힘들기도 했지만 이런 거리감은 얼마 안 가 따뜻한 친근감으로 바뀌었습니다. 같은 과의 동료이자 인생의 선후배로서 서로를 격려하고 도와주려는 마음이 있었기 때문에 가능했을 것입니다. 그리고 대학에서 공부하는 동안 학과의 전문적인 교과목 외에 자동차 정비, 검사 기능사, 정비산업기사 등 자동차 관련 자격증 3개를 취득할 수 있었습니다.

지금 저는 충주에 있는 기아자동차서비스 지정공장에 취직하여 기술을

연마하고 있습니다. 그리고 차후 정비공장을 차리겠다는 10년 후의 꿈을
현실로 만들기 위해 열심히 생활하고 있습니다.

만약 한국폴리텍대학이 아니었다면 저처럼 이직을 원하는 많은 사람들
이 새로운 직업을 선택하기가 어려울 것입니다. 앞으로도 많은 이들이 새
로운 꿈을 향해 도전하고 그 꿈을 현실로 만들어낼 수 있기를 바랍니다.

간혹 어떤 이들은 자동차 정비가 힘든 직업이라고도 하지만, 본인의 적
성이 맞는다면 기술직업으로도 상당히 매력 있고 전망이 좋은 직업임을
확신합니다.

실직자 여러분, 그리고 재취업을 꿈꾸는 모든 분들, 10년 후의 자신의
모습을 상상하면 목표를 가지고 도전한다면 꿈은 반드시 이루어진다고
믿습니다. 지금 당신에게 주어진 기회를 놓치지 마세요.

퇴직의 아픔 속에 다시 찾은 희망

공 과 : 산업설비공과
졸업년도 : 1999년 12기
성 명 : 이 상 동 (49세)
근 무 처 : 서원대학교 보일러실

저는 1955년에 충북 증평에서 빈농의 둘째아들로 태어났습니다. 당시 어려운 가정형편 때문에 저는 집안일을 도우며 학창시절을 보내야 했습니다. 심지어 지금 돌이켜보면 학창시절 가운데 절반은 농사꾼으로 나머지 절반은 학생으로 보낸 것 같다는 기분이 들 정도입니다.

당시 제 머릿속에는 한 가지 생각뿐이었습니다. "어떻게 하면 고생하지 않고 잘 살아 볼 수 있을까? 어떻게 하면 고생하시는 부모님을 행복하게 해드릴 수 있을까?"

하지만 당시 저는 주위 환경을 스스로 헤쳐 나아갈 수 있는 슬기도 없었을 뿐 아니라, 주변에 미래에 대한 정보나 조언을 해주는 사람도 없었으므로, 그저 주변의 가난한 집안 형들과 누나들이 걸어간 길을 묵묵히 걸어가는 수밖에 없었습니다.

때문에 저는 초등학교, 중학교까지 항상 우등상을 차지하고도 막상 고등학교에 진학하는 순간이 되자 고민에 빠질 수밖에 없었습니다. 형마저도 어려운 환경 때문에 공부를 포기한 상황에서 제가 고등학교를 가는 것은 사실 너무나도 미안한 일이었던 것입니다. 게다가 대학에 진학한다는 것은 이루어질 수 없는 꿈이라는 사실을 어린 나이에도 금방 깨달을 수 있었습니다.

결국 저는 증평공고로 진학을 결정하게 되었고, 하루 빨리 학교를 졸업해 취직하기로 결심하고, 그 결심대로 78년 1월 1일 삼화전기에 입사했습니다. 그리고 1998년 1월까지, 무려 20여 년 동안 삼화전기에서 기술자로 살아가며 이곳을 평생직장으로서 사랑하게 되었습니다.

하지만 98년 IMF 위기라는 잔혹한 칼날을 저 역시도 피해갈 수 없었습니다. 회사의 경영상태가 악화되면서 흉흉한 분위기가 떠돌았고, 하룻밤 자고 일어나면 자리가 텅텅 비는 상황에서 서로 퇴직당하지 않으려고 눈치를 보면서 근무하는 끔찍한 풍경이 펼쳐졌습니다. 정말이지 이때의 시간은 지금도 제게 깊은 상처로 남아 있습니다. 20여 년 동안 몸담아 왔던 직장, 각각의 가정에 행복을 안겨주었던 직장, 그리고 결국 저마저도 그 직장을 하루아침에 퇴직했을 때의 충격은 그야말로 엄청났습니다.

아니, 저보다도 가족들의 상처가 더 컸습니다. 애써 눈물을 참으며 저를 위로해 주던 아내의 애처로운 모습이 지금도 생생합니다.

그날 이후 저는 가족들을 생각해서라도 하루빨리 안정을 찾아야 되겠다고 입술을 깨물었습니다. 그래서 청주 노동사무소를 찾아서 상담한 결과 몇 가지 직업을 소개받았고, 동시에 한국폴리텍대학에 입학해보는 건 어떻겠냐는 제안을 받았습니다. 비록 1년 동안의 공부 시간이 필요하긴 하지만 전문적인 공부를 싼 국비 등록금으로 철저하게 공부할 수 있으니 충분히 해볼 만한 도전이라는 것입니다.

사실상 지금까지 한 직장에서만 20년 이상 근무했고 재취직이 쉽지 않은 상황에서 새로이 기술을 배우고 실무경험을 쌓는 것만이 길이라는 생각이 들었습니다.

그렇게 처음 입학을 했지만 무엇보다 어려운 것은 아들딸 또래의 학생들과 같이 공부한다는 점이었습니다. 이 때문에 가끔 자퇴를 생각하기도 했지만, 그때마다 저를 가르쳐주신 교수님들이 미래에 대한 희망과 용기를 불어넣어 주셨습니다.

결국 저는 시설관리업 자영업을 준비하며 전기 기능사, 보일러 시공 기능사, 냉동 기능사 등의 자격증을 취득할 수 있었습니다. 현재 저는 지방의 한 대학교의 전기 설비 담당으로 일하고 있습니다. 또한 우리 아이들도 학교에 다니면서 더 나은 미래를 준비하고, 저 역시 이 아이들이 자리

잡을 미래를 향해 열심히 뛰고 있습니다.

힘겨웠던 시간을 흘려보내고 새로이 일하고 들어온 저에게 "아빠, 오늘 하루 힘드셨지요." 하고 달려오는 가족들, 그리고 현재 함께 일하고 있는 동료들, 무엇보다도 저에게 새로운 희망을 심어준 한국폴리텍대학과 동기들, 교수님들에게 감사를 표합니다.

고민 끝……

공　　과 : 산업설비공과
졸업년도 : 1999년 12기
성　　명 : 이 용 선 (33세)
근 무 처 : 그린냉동(구 가나종합건축난방)

　저는 충북 음성의 작은 시골에서 태어났습니다. 다행히 저희 집안은 오래전부터 가족 사업을 하고 있어서 비교적 풍요로운 어린 시절을 보낼 수 있었고, 가난하다는 것이 무엇인지도 모르고 자랐습니다. 하지만 고등학교를 졸업할 무렵이 되자 부모님으로부터 독립해 내 삶을 꾸려보고 싶다는 생각이 간절해졌습니다. 그래서 부모님께 대학 진학을 포기한다고 말씀드렸고, 부모님 또한 제 결정을 믿고 존중해주셨습니다.

　그렇게 취직을 하게 되었고, 처음에는 보수가 작아도 내가 선택한 일이었으니 불평 없이 열심히 일했습니다. 하지만 군대를 제대하고 다시 일하던 회사로 돌아갈 순간이 되자 이대로 젊음을 보내기에는 아깝다는 생각이 들었고, 회사로 돌아갈 것인지 내 사업을 할 것인지 고민을 거듭하다가 결국 조그만 가게 하나를 개업하게 되었습니다.

자영업이라는 게 늘 그렇듯이 처음에는 고생도 많이 했습니다. 하지만 시간이 지날수록 점차 매출이 늘어나며 사업이 번창하자 법인 등록을 하는 등 새로운 도약의 기회들을 맞이하게 되었습니다.

하지만 호경기는 잠시뿐이었습니다. 하던 사업을 좀 더 확장하고 싶다는 생각에 동업을 결심한 것이 문제였습니다. 그내부디 갑자기 사업이 기울기 시작하더니 어음이 날아들기 시작했습니다. 다급한 빚을 청산하기도 전에 결국은 부도 처리가 되었고, 번창하던 사업이 그렇게 실패하고 나자 쇼크 상태에 빠져들어 술로 세월을 보내게 되었습니다.

하지만 그 어렵던 순간에도 부모님의 얼굴이 계속 아른대고 죄송한 마음뿐이었습니다. 그렇게 몇 달을 보낸 뒤 새로운 시작을 결심하고 고향으로 내려가 다시 직장생활을 시작했습니다. 적은 돈이나마 빚도 차분하게 갚아나갔습니다.

그러나 악재는 한번으로 그치지 않았습니다. 아버지께서 병환으로 직장을 퇴사하시게 된 것입니다. 갑자기 닥친 상황에 엄청난 병원비를 감당하기 어려웠던 저는 집안 농사일을 돕고 겨울에는 건설현장에서 막일을 하며 보냈습니다. 그러던 어느 날, 우연찮게 아는 이를 통해 한국폴리텍대학의 이야기를 들었습니다.

이 학교에서 공부한 학생들은 거의 100% 취업이 가능하다는 이야기였습니다. 그 이야기는 절망에 빠져 있던 저에게는 한 줄기 빛과 같은 것이었습니다. 그날 저는 주저하지 않고 한국폴리텍대학에 전화를 했고, 그 결과 인생에서 새로운 전환점을 맞이하게 되었습니다.

1년이라는 시간이 사람에 따라서는 짧을 수도 길 수도 있는 기간이지만 제게 있어 한국폴리텍대학에서의 1년은 아주 의미 있고 특별한 시간이었습니다. 처음으로 힘든 공부의 과정을 걸쳐 국가검정 자격증도 취득했고, 졸업 후에는 새로운 직장을 얻어 새로운 삶의 의미를 느낄 수도 있었습니다. 힘겨운 취업시장에서 방황하고 계신 분들에게 저는 주저 않고 한국폴리텍대학에서 공부해 보라고 권하고 싶습니다.

우리의 인생은 한 번뿐이며, 지금 닥친 순간을 어떻게 보내는가에 따라 미래도 달라집니다. 고민과 방황으로 낭비되는 시간을 자신에게 투자하면 결국 자기 삶을 설계하는 데 재산이 된다는 것을 저는 한국폴리텍대학에서 배웠습니다.

학력이나 나이 등 여러 여건 때문에 결정을 내리지 못하는 분들이 있다면 망설이지 말고 지금 바로 한국폴리텍대학을 찾으라고 권하고 싶습니다.

잠시 접은 나의 꿈은……

공　과 : 멀티미디어공과
졸업년도 : 2003년 16기
성　명 : 장 미 경 (19세)
근무처 : 충주전자(주)

　지금도 저는 한국폴리텍대학에서 보낸 1년이야말로 제게 가장 소중한
시간이었다고 말하곤 합니다. 처음 멀티미디어공과에 들어왔을 때만 해
도 내가 과연 이 전공을 잘 해나갈 수 있을까 의문이 들지 않을 수 없었습
니다. 나름대로 공과 이론 수업과 실습에 열심히 참여하였지만, 컴퓨터
전문 분야에서는 힘들고 이해를 못하는 부분도 많았기 때문입니다.
　하지만 그럴 때마다 모르는 부분을 반복해서 설명해주시고, 그래도 힘
들어 하면 개인적으로 상담도 해주시던 교수님들의 자상한 모습이 저를
변하게 했습니다.

　저는 고등학교에서는 소위 학습 미진아에 가까웠습니다. 어떤 수업을
들어도 크게 흥미를 가질 수 없어서 자연스레 성적은 하위권을 맴돌았습

니다. 사실상 고등학교에서의 교육이란 대학 진학을 목표로 학생들을 지도하는 것입니다. 따라서 대학에 진학할 만한 성적이 되지 않는 학생들은 늘 주변인으로 지낼 수밖에 없는 것이 현실입니다.

그랬던 제가 한국폴리텍대학에 입학을 결심하면서 모든 것이 달라졌습니다. 단지 공부를 못한다는 이유로 선생님의 관심을 받지 못하였던 제게, 한국폴리텍대학에서 받은 관심과 사랑은 제 존재를 다시금 생각하게 했고, 그 따뜻한 관심에 힘입어 공부를 더 열심히 해서 굳건한 사회인으로서 취업을 해야 한다는 목표를 갖게 되었습니다.

입학 당시의 풍경이 아직도 떠오릅니다. 멀티미디어공과에서 뭘 해야 할지 막막한 상태였고, 인터넷만 잘하면 되겠지 하는 단순한 생각만으로 수업에 임하곤 했습니다. 그러나 생각과 달리 수업은 점차 어려워졌고, 수업을 따라가기가 쉽지 않았습니다. 그때마다 저는 더 열심히 해야 친구들을 따라갈 수 있다는 생각에 이것저것 시도해보기를 멈추지 않았습니다. 그렇게 반 학기가 흐르면서 조금씩 자신감도 붙었고 수업이 재밌는 부분도 적지 않았습니다. 컴퓨터를 이용해서 그림도 그리고 합성하기도 하면서 여러 캐릭터를 제작할 수 있다는 게 신기하기만 했습니다. 그리고 수업 시간에 처음으로 사람 얼굴을 합성해서 나만의 캐릭터를 제작하면서 작지만 창조한다는 기쁨을 느낄 수 있었습니다.

또한 이렇게 배운 것을 학기 중에 기업체에 가서 현장실습을 통해 적응해보는 시간도 무엇보다 소중했습니다. 막연하게 강의실에서만 공부하는 것이 아니라 내가 배우는 전공이 활용되는 기업 현장에서 직접 눈으로 보고 느낀 것들을 정리하면서 앞으로 나에게 필요한 것이 무엇이고 어떻게 준비를 해야 할지 방향을 잡을 수 있었습니다.

그렇게 현장실습을 마치고 나자 나 자신의 많은 부분이 변했음을 느끼게 되었습니다. 이미 사회에 나갈 준비가 되어 있다는 자신감, 그리고 앞으로 더 좋은 날들이 기다리고 있다는 희망이 생겼기 때문입니다. 그렇게 학년이 올라서는 나에게 부족한 부분을 위주로 집중적으로 전공지식을 배우고 익혔는데, 특히 현장실습을 다녀와서 취업을 대비해 한 공부가 많은 도움이 되었던 것 같습니다.

아직도 부족한 점도, 배워야 할 점도 많지만, 미약하나마 저는 지금의 회사에 당당히 취업할 수 있었습니다. 한때는 같은 고등학교를 다녔던 친구들과 내가 다른 길을 간다는 생각이 들어 서운하고 후회된 적도 있었습니다. 그러나 월말마다 월급으로 부모님께 작은 선물이나마 할 수 있는 지금의 상황이 저에게는 가장 소중하고 귀한 시간입니다. 항상 더 많은 것을 배우고 공부하며 성장하는 직업인으로 살도록 독려해주신 모든 분들게 감사와 사랑을 전합니다.

참된 삶의 의미

공　과 : 멀티미디어공과
졸업년도 : 2003년 16기
성　명 : 장안나 (19세)
근무처 : 대학 진학

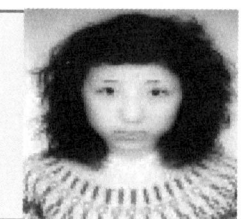

　많은 이들이 사회생활에서 가장 중요한 것 중에 하나가 첫인상이라고 말합니다. 첫인상에 따라 그 사람에 대한 평가가 달라지는 경우가 적지 않다는 것입니다. 저 역시 그런 상황을 겪었습니다. 저를 처음 보는 대부분의 사람들이 차가운 이미지 때문인지 저에게 좋지 않은 선입견을 갖는 경우가 있었기 때문입니다.

　그 때문인지 학교나 동네에서도 저에 대한 평판이 좋지만은 않았고, 그런 이야기를 듣고 상처 입는 것도 문제였지만, 무엇보다 저 스스로도 이들의 선입견에 맞춰진다는 생각이 들었습니다.

　그러다가 중학교에 입학하는 순간부터는 그런 생각이 더 심해졌습니다. 공부보다는 친구들과 어울려 노는 것이 더 편하고 즐겁게 느껴지기 시작한 것입니다.

그렇게 친구들과 어울려 다니는 것이 일이 되다 보니 시험 기간에도 책 한 줄 읽지 않는 일도 다반사였습니다. 그렇게 '나쁜 학생'이라는 이미지를 달고 다녔던 저는 고등학교 3학년을 앞두고 중요한 경험을 했습니다. 학교 지도과 선생님으로부터 이런 말을 들은 것입니다.

"만일 공부에 뜻이 없다면 다른 길을 찾는 건 어떻겠니? 한국폴리텍대학이라는 곳이 있어. 만일 이곳에 진학하고 싶다는 생각이 들면 얘기하렴. 내가 자세한 진학 요건을 알려줄게."

당시 저는 기술전문학교는 학교 다니기 싫고 불량스러운 학생들만 가는 곳이라고 생각했습니다. 그럼에도 공부보다는 활동적이고 움직이는 것을 좋아하는 제게는 오히려 일반 대학교보다는 기술전문학교가 나을 수 있겠다는 생각이 들었습니다.

하지만 이 사실을 처음 부모님께 말씀드렸을 때 생각보다 큰 반대에 부딪쳤습니다. 아무리 자식이 미워도 기술학교에는 보낼 수 없다고 하시면서 반대하신 것입니다. 그렇게 부모님의 반대에 부딪친 뒤로 저는 다시금 진학상담 선생님을 찾았고, 선생님으로부터 한국폴리텍대학에 대한 정보와 입시요강을 제공받을 수 있었습니다. 그리고 그렇게 자세히 모은 정보를 진지하게 말씀드리자, 반대하시던 부모님도 제 고집을 꺾지 못하셨습니다.

입학 당시에는 사실 대충 공부해도 되겠다는 생각밖에 없었습니다. 하지만 학교생활에 적응이 되어 갈수록 이곳의 모든 학생들이 나처럼 공부하기 싫고 학교 가기 싫어서 온 것이 아니라, 정말 배우고자 하는 강한 의욕과 절박한 생계를 해결하기 위해 왔다는 것에 제 자신이 자꾸 미워지기 시작했습니다.

그러면서도 컴퓨터라고는 잘 알지도 못하는 제가 컴퓨터를 배우기는 사실 힘이 들었습니다. 하지만 부모님의 강한 반대에도 불구하고 떼를 써서 왔는데 입학 한지 한 달도 안 돼 그만둘 수 도 없는 일이었습니다. 또한 많은 선생님들이 기숙사 생활과 공과 생활에 대해 조언을 아끼지 않고 사랑하고 관심을 가져주신 것이 큰 힘이 되었습니다.

가끔씩 던져주시는 농담에서조차 선생님들의 사랑을 느낄 수 있었고, 학교를 다니면서 이렇게 따뜻한 관심과 사랑을 받아본 것이 오래 되었다는 생각에 나도 선생님의 기대에 보답을 해야 되겠다는 생각이 들기 시작했습니다. 성적과 외모, 전공지식, 돈 등 그 모든 것 들을 떠나서 먼저 참 인간이 되어 사회에서 필요로 하는 사람이 되어야 되겠다는 결심을 하게 된 것입니다.

그 결과 입학 당시 가졌던 생각과 달리 한국폴리텍대학에서의 1년은 제 인생에 커다란 전환점이 되었습니다. 비록 다른 친구들보다 성적도 좋지 않았고 부족한 부분이 많았지만 무엇과도 바꿀 수 없는 참된 삶의 의미와 가치를 배웠기 때문입니다.

앞으로 살아가면서 만일 제게 가장 그리운 시절이 있느냐고 묻는다면 아마도 저는 한국폴리텍대학에서 깨달은 그 1년이라고 당당히 말할 수 있을 것 같습니다.

꿈은 이뤄진다

공　　과 : 멀티미디어공과
졸업년도 : 2003년 16기
성　　명 : 이 미 희 (19세)
근 무 처 : 대학 진학

　중학교 졸업이 가까워졌을 무렵 실업계 고등학교를 진학하겠다고 했을 때 부모님의 반대는 생각보다 완강했습니다. 결국 부모님의 뜻에 따라 인문계 고등학교에 진학하였지만, 책상 앞에서 공부만 하는 것과는 적성이 맞지 않았습니다. 당연히 성적이 그다지 좋지 않아서 대학 진학 역시 꿈으로 끝나야 할 상황이었습니다.

　3학년 진급을 앞두고 직업반을 모집한다는 얘기를 듣고, 부모님 몰래 직업반에 지원했습니다. 어차피 대학에 가지 못할 바에는 졸업과 동시에 취업을 하겠다는 생각이었습니다.
　그런 뒤 3월이 되자 일반적으로 다들 직업교육학교에 교육을 위탁받았습니다. 그 무렵 저는 컴퓨터에 관심이 많았고, 그렇게 반 년간의 위탁 교육 후에 선생님으로부터 의외의 말을 들었습니다. 그저 고등학교만 졸업하고 취업하는 대신 한국폴리텍대학에 지원해보는 건 어떻겠냐는 말씀이었습니다.

사실 대학은 꿈도 꾸지 않았던 차였지만 국립기술대학이고 등록금도 저렴한 데다 무엇보다도 실용적인 교육을 받는다는 점이 마음에 들어 부모님께 이 사실을 말씀드렸더니 흔쾌히 찬성하셨습니다.

입시원서를 쓰고 합격한 뒤 처음 수업을 듣던 날이 아직도 생생합니다. 이곳 대학은 다른 대학과는 달리 학생들의 나이가 다양했습니다. 사회 속에서 올바른 기술로 자리 잡고자 하는 같은 꿈을 가진 동료들 사이에서 제가 너무 철없이 살아온 것은 아닌가 하는 생각이 들기도 했습니다.

그렇게 학교 분위기에 잘 적응을 못하고 있을 때마다 교수님들과 동료들은 때로는 엄격하게, 때로는 다정한 친구처럼 격려를 아끼지 않아주었습니다.

꿈을 포기하지 말라고 하시는 선생님들의 말씀을 들으며 처음으로 '과연 나의 꿈은 무엇인가?' 하는 생각이 들기도 했습니다. 그저 하루하루를 헛되게 보내는 것이 아니라 미래를 향해 전진하고 보다 나은 삶을 살고 싶어졌습니다.

그렇게 마음을 다잡고 나니 이곳에서의 공부는 하면 할수록 재미도 있고 흥미가 생겼습니다. 고등학교에서는 12과목을 배워야 되었지만 이곳에서는 내가 좋아하는 공과 공부를 집중적으로 할 수 있었고, 무엇보다도 컴퓨터로 매일 수업하는 것이 좋았습니다. 그렇게 열심히 한 결과 처음으로 학기 성적표에서 높은 성적을 받고 눈물이 날것만 같았습니다. 나도 노력하면 할 수 있다는 것을 경험한 것입니다.

같이 공부했던 친구들은 1년 후 대부분 취업을 했지만, 저는 뒤늦게 얻은 자신감으로 좀 더 공부를 하고 싶어 현재 다시금 더 깊은 공부를 준비 중입니다. 항상 무기력했던 제가 열의를 다하는 모습을 보고 부모님 역시 행복해 하십니다. 그 모습을 보면서 저 또한 짧은 선택의 순간 현명한 선택을 내린 것에 또 다시 행복을 느낍니다. 제게 이렇게 행복과 꿈을 주신 모든 분들께 감사의 인사를 드리고 싶습니다.

대학 졸업장의 영광은 어디로

공　과 : 멀티미디어공과
졸업년도 : 2003년 16기
성　명 : 윤혁근 (27세)
근무처 : 충주 MBC

　저는 지방의 4년제 대학을 졸업한 뒤 취직을 위해 근 1년 이상을 노력했습니다. 수없이 쓰고 지웠던 이력서만 해도 아마 수십 통에 달할 것입니다. 그럼에도 번번이 취직에 실패하자 심한 압박감과 함께 무기력감이 찾아들었고, 한동안 아무것도 하지 않고 지냈습니다. 아침마다 눈을 뜨면 지옥이 펼쳐지는 심정이었습니다. 장남인 제게 쏟아지는 부모님의 기대, 불안한 미래에 대한 걱정 때문에 사는 것이 사는 게 아니라는 생각이 들었습니다.

　처음 한국폴리텍대학에 대해 알게 되었을 때 사실 혼자 고개를 절레절레했습니다. 솔직히 반신반의 하는 심정이었습니다. 그래도 4년제 대학을 졸업한 나인데……. 하지만 많은 고민 끝에 결심을 하였고, 그렇게 해서 천신만고 끝에 또 다른 대학 생활이 시작되었습니다.

사실 이 당시만 해도 저는 거의 컴맹이나 다름이 없었습니다. 컴퓨터라 하면 그냥 게임이나 하는 것, 인터넷이 안 되는 컴퓨터는 컴퓨터도 아니라고 생각할 정도였으니 말입니다. 하지만 한국폴리텍대학의 멀티미디어과에 공부하면서 저는 컴퓨터의 무궁무진한 능력과 신비, 그리고 다양한 기능과 기술을 경험하고 배울 수 있었습니다.

또한 함께 입학한 동기들도 제게 큰 도움이 되어주었습니다. 목적도 꿈도 조금씩 달랐지만 함께 생활하면 할수록 학교생활도 즐거웠고, 특히 나이가 천차만별이라 윗사람에 대한 예의도 배우고 어린 동생들과 참 재밌게 지낼 수 있었습니다.

또한 교수님들의 강의에 대한 열정도 무척이나 대단하셨습니다. 학생들의 부족한 부분을 금방 알아채시고 더 많은 것을 주려고 노력하셨고, 무엇보다도 현장실습에서 학생들에게 최대한 많은 것들을 경험할 수 있도록 노력하셨습니다.

그 결과 저와 동기들은 1년 동안 포토샵, 일러스트레이터 같은 다양한 기술은 물론, 그밖에 몇 가지 소프트웨어를 배워 취업을 할 수 있었습니다. 현재 저는 방송국에서 영상편집을 하고 있으며, 한국폴리텍대학에서 배운 것을 실무에서 많이 활용하고 있습니다. 이 모든 것은 제가 한국폴리텍대학을 선택하지 않았더라면 가능하지 않은 일이었을 것입니다. 나아가 저는 영상 편집 일을 하면서 방송사 기자들, PD, 촬영기사들을 만나보면서 또 하나의 꿈이 생겼습니다. 현재 그 꿈은 아직 시작 단계인 만큼 아직은 밝힐 수 없지만 차후 당당하게 밝힐 날이 다가오리라 믿습니다.

이제 제가 하고 싶은 말은 한 가지입니다. 저는 그간 도전해보지 못했던 새로운 세계를 한국폴리텍대학에서 찾았고, 그를 통해 인생에 커다란 변화를 얻을 수도 있었습니다.

지금 꿈을 잃고 방황하는 분들, 이력서 앞에서 눈물 흘리는 모든 분들도 다시금 도전해보라고 권하고 싶습니다. 머뭇거릴 시간에 도전한다면 여러분도 새로운 세상을 경험하게 될 것입니다.

학력보다 개인의 능력이 중시되는 사회

공 과 : 전기제어공과
졸업년도 : 2001년 14기
성 명 : 최 명 규(30세)
근 무 처 : 성우전기(주)

제게 한국폴리텍대학은 아주 특별한 의미가 있는 곳입니다. 저는 4년제 대학에서 행정학을 전공했음에도 외환위기 이후 급속히 취업률이 축소된 상황에서, 군 제대 후 마땅히 취직할 곳을 찾지 못하고 있었습니다. 아니, 제대로 된 입사원서도 한 번 제출하지 못한 상태였습니다. 그럴수록 지난 28년간의 삶에 대해 후회와 회한만 커져갔습니다.

직장을 구하지 못하고 도서관만 오가며 시간을 허비하고 있던 차에 우연한 기회에 "미래사회에서는 자격증을 갖고 있어야 살아남을 수 있다"는 광고 카피를 보게 되었습니다. 21세기는 학력보다는 개인의 능력이 중시된다는 것입니다.

그 카피를 보는 순간 뭔가 반짝 하는 빛이 어두운 머릿속을 밝히는 기분이었습니다. '그래, 저 말이 맞아' 하는 동감과 함께 며칠 동안 저는 고민과 갈등으로 밤을 지새웠습니다. 새로운 인생을 살고 싶은 마음도 굴뚝같았지만, 동시에 그래도 4년제 대학을 졸업한 내가 그것도 행정학을 전공한 내가, 과연 지금까지의 전공을 버리고 새로이 기술대학교에 다시 입학해서 기술을 배울 수 있을까 걱정이 되었습니다. 달리 말하면 사실 스스로가 실패자라고 생각할 수도 있는 상황이었습니다. 하지만 그렇게 며칠을 고민 끝에 결국은 한국폴리텍대학을 방문하게 되었습니다.

그리고 담당 선생님과 면담을 진행하면서 저의 생각은 더 확고해져갔습니다. 내 나이를 생각하고 보다 안정적이고 확실한 직장을 얻기 위해서는 전기제어전공을 택하면 좋겠다는 결심이 든 것입니다. 그래서 전기공사직종을 배우기로 결심하고 교문을 나섰습니다.

그러나 문제는 어떻게 부모님을 설득시켜야 할지였습니다. 이 부분을 생각하면 막막하기만 했습니다. 부모님으로서는 대학을 졸업한 아들이 직업학교에 입학한다고 하면 당연히 속상하고 마음에 들지 않으실 것을 알았기 때문입니다.

그리고 어렵게 부모님께 말씀을 꺼냈을 때, 예상대로 완강하게 반대하시는 부모님 앞에서 또 한 번의 갈등이 시작되었습니다. 그러나 옛말은 조금도 틀린 것이 없습니다. 자식을 이기는 부모가 어디 있겠습니까. 얼마 뒤 부모님도 마지못해 승낙을 하셨고, 조금이라도 부모님의 마음을 편하게 해드리기 위해 저는 학교 기숙사에서 생활하며 자격증 공부에만 매진하기로 했습니다.

하지만 대학 생활이 저의 생각과 조금 다른 면도 있었습니다. 입학 초기 저는 강의만 열심히 듣고 방과 후에는 자격증 공부만 하면서 친구들이나 선생님들과의 교류에는 조금도 신경 쓰지 않았습니다. 아니 심지어는 공부 열심히 해서 좋은 곳에 취업해야 한다는 강박에 시달렸던 제게 자꾸 가까이 다가오고 젊음을 즐기려는 어린 친구들이 피해야 할 적처럼 여겨지기도 했습니다.

하지만 시간이 지나고 얼굴을 익히고 마음을 터놓으면서 나는 지금의 내 상황을 누구보다도 잘 이해할 수 있는 이들이 바로 이 친구들임을 하나씩 깨달아갔습니다. 또한 주변 트렌드와 정보에 민감한 어린 친구들로부터 많은 도움을 받기도 했습니다. 그 결과 저는 1년간 충실히 공부한 대가로 좋은 성적을 얻었을 뿐 아니라 전기기기와 전기공사 등 2개 자격증을 취득 할 수 있었습니다.

하지만 이것만으로는 아직 완전하지 않았습니다. 취업을 앞두고 담당 교수님과의 상담을 통해, 나이(당시 28세)로 인해 직장을 구하는 데 어려움이 있을 것 같다는 이야기를 들었습니다.

내 자신도 능력의 부족함을 느끼고 있어, 당장 봉급이 많은 곳보다는 시간적 여유와 일을 하면서 좀 더 향상된 기술을 습득할 수 있는 곳에 취업을 희망하였고, 지금의 회사에 입사하여 새로운 제 2의 인생을 시작하고 있습니다.

비록 부모님이 원하시는 출발은 아니었지만, 이 순간 가장 행복을 느끼는 분들이 또한 부모님들이라는 사실은 다행이자 저에게도 행복이 아닐 수 없습니다 또한 이제는 확실한 꿈과 희망이 있기에 그 누구보다도 행운 가득한 삶을 살고 있다고 생각합니다.

창업! 나만의 직업을 찾아

공   과 : 멀티미디어공과
졸업년도 : 2000년 (13기)
성   명 : 김효영 (35세)
근무처 : G1 대표

저는 지방의 모 대학 가정관리학과를 졸업한 뒤에 주식회사 대교에서 관리교사로 사회의 첫 출발을 시작했습니다. 무엇보다 내 직업이 내 아이들에게도 도움이 될 것 같다는 생각에 힘든 줄도 모르고 일했습니다. 그러나 이처럼 미래에 대한 생각과 타고난 적성을 고려한 결정이었음에도, 직장생활을 할수록 짜여진 조직 속에서의 삶보다는 나만의 직업을 개척하고 싶다는 생각이 들었습니다. 관리교사로서 오랜 시간 일했다는 자부심과 긍지 속에서도 새로운 직업에 대한 열망은 점점 커져갔고, 남편과 아이들의 독려 하에 다행히도 새로운 길을 찾을 수 있었습니다. 바로 한국폴리텍대학 입학이라는 길이었습니다.

지금껏 잘해온 일을 계속할 것인가, 아니면 새로운 길을 개척할 것인가

한참을 고민하고 갈등하던 제게 한국폴리텍대학의 학생모집 광고는 그러한 결심을 앞당기게 만드는 계기가 되었습니다. 철저한 전문성과 노력, 미래에 대한 희망이 있다면 가정주부로 살아온 저 역시도 제 사업을 개척할 수 있으리라는 생각이 든 것입니다. 그래서 평소 컴퓨터 분야에 관심이 많았던 저는 결국 여러 준비 끝에 멀티미디어공과에 입학원서를 냈고 다행히 합격하게 되었습니다.

한국폴리텍대학에서의 1년은 생각보다 빨리 흘러갔습니다. 가정과 학업을 병행한다는 것이 쉬운 일이 아니었지만, 잠을 줄여서라도 열심히 공부하겠다는 생각으로 임했고, 그 결과 1년 뒤 인터넷 관련회사에 근무를 하게 되었습니다. 이때의 경험 역시 입학 전 결심이었던 나만의 창업에 큰 도움이 되었습니다.

하지만 내 사업체를 일구겠다는 본래의 결심을 포기할 수 없었기에 홈페이지 제작과 컨텐츠 개발을 주 업무로 하는 멀티미디어 업체를 열었습니다. 물론 처음부터 내 회사를 운영하는 일은 결코 쉽지 않았습니다. 직원들을 뽑고 업무의 전문성을 높이는 일 모두가 처음 해보는 일이었기 때문입니다.

그 와중 한국폴리텍대학에서 배웠던 기술들은 상상 이상으로 큰 도움이 되었습니다. 회사의 오너란 운영만 하는 것이 아니라 직원들이 자신의 전문 영역에서 가장 큰 능력을 발휘하도록 도와주는 역할입니다. 따라서 오너 스스로도 그 분야에 정통해야 하는 것이 당연하며, 업무 시스템에 큰 관심을 기울여야 합니다. 처음에는 삐걱댔던 사업체가 서서히 자리를 잡으면서 거래처도 늘었을 뿐 아니라 좋은 소식도 있었습니다. 작년 4월 중소기업청 주관으로 실시된 경진대회에서 3위라는 영예를 안았기 때문입니다.

현재 저는 2명의 직원과 함께 일하면서 프리랜서로도 활동하고 있으며, 아직도 배움에 대한 욕심이 많아 현재는 모 대학 교육대학원에 진학하여 학업을 병행하고, 지금의 사업에 대한 나름대로의 성과를 토대로 홈페이지 제작과 관련한 특강을 실시하는 등 외부강의도 열심히 하고 있습니다.

여러분, 우리의 꿈은 결코 불가능한 것이 아닙니다. 한 걸음을 떼는 순간, 이미 그 절반은 이루어진 것입니다. 꿈을 이루는 데 필요한 것은 오직 용기와 시간, 그리고 노력뿐입니다. 자신의 길을 찾기 위해 노력하시는 모든 분들이 보다 큰 용기로 그 한 걸음에 나서기를 진심으로 기원합니다.

배움에는 끝이 없더라

공 과 : 전기제어공과
졸업년도 : 2003년 16기
성 명 : 이 덕 용(40세)
근 무 처 : (주)대성전선

처음 한국폴리텍대학에 입학했을 때의 일입니다. 고등학교를 졸업하고 20여 년 만에 다시 돌아온 학교라는 장소…. 그리고 '학생' 이라는 직함이 왠지 어색하고 낯설게 느껴지는 순간이었습니다. 하지만 얼마 안 가 저는 '학생' 이라는 호칭에 익숙해졌고, 어떤 때는 오히려 그 호칭이 행복하게 느껴지기 시작했습니다. 만일 기회가 된다면 새로운 배움에 계속해서 도전해 보고 싶은 욕심이 생긴 것입니다.

저는 학창 시절 축구선수로 활동했고, 더 열심히 운동해서 프로축구선수가 되는 것이 꿈이었습니다. 그러다가 집안 사정으로 운동을 포기해야 했을 때, 인생에서 처음으로 큰 좌절을 맛보았습니다.

그 후 다시 교실로 돌아와 간신히 공부를 배워 전문대를 졸업하고 직장

생활을 하게 되었고, 다시는 큰 좌절을 맛보지 않으리라 다짐했습니다. 비록 꿈꾸던 프로축구 선수는 되지 못했지만 나날이 행복했고 만족스러웠습니다. 대기업은 아니지만 나름대로 직장은 안정적이고 편안했고, 착실히 돈을 모아 무언가를 해보고 싶은 희망도 있었습니다. 또한 지금의 아내를 만나 결혼도 하였고 사랑스러운 아이들도 갖게 되었습니다.

당시만 해도 저는 그때 저에게 찾아온 행복을 의심하거나 새로운 변화를 생각하지 못하였습니다. 오로지 다니는 직장을 평생직장이요, 삶의 터전이라 여기며 앞만 보고 열심히 일하였고, 매달 타는 월급으로 가족들과 행복하게 살아나가는 것이 제 최고의 행복이었던 것입니다.

하지만 IMF가 닥치면서 그 행복은 순식간에 산산조각이 났습니다. 우리 회사에서도 구조조정이라는 미명하에 인력을 대규모로 축소하게 되었기 때문입니다. 저 역시 IMF라는 거대한 회오리를 피하지 못한 셈입니다. 그 동안 평생직장이라고 여기며 최선을 다하였음에도, 시대의 변화에 순응하지 못하고 안이하게 생활하였던 것은 저의 실수라고밖에 할 수 없었습니다. 15년간 직장생활을 하면서도 제게는 전문적인 기술이나 이를 입증할 만한 아무런 증거가 없었고, 이는 재취업에 큰 장애가 되었습니다. 그간 저의 유일한 삶의 자취란 그저 직장 경력과 나이가 많다는 것뿐이었던 것입니다.

알아서 다시 직장을 구하겠다고 말은 했지만 이런 사정을 가족들에게 는 말 못하고 혼자서 속만 태우는 시간이 흘러갔습니다. 그러던 어느 날, 회사의 오랜 동료로부터 한국폴리텍대학에 대한 이야기를 들었습니다. 정부에서 운영하는 기술전문대학으로서 학비도 저렴할 뿐만 아니라 철 저하게 기능 위주로 교육을 한다는 이야기였습니다. 그 이야기를 듣자 이 것이야말로 내게 주어진 기회가 아닐까 하는 생각이 들어서 아내에게 이 이야기를 넌지시 꺼냈습니다. 사실 이런 상황에서 1년 이상을 다시 공부 에 투자해야 하는 것은 쉽지 않은 일이었습니다. 그럼에도 의외로 아내는 나에게 용기를 주면 도전해볼 것을 권했고, 저는 아내와의 대화를 통해 용기를 얻어 입학을 결심하게 되었습니다.

　물론 입학 초기에는 많은 어려움이 있었습니다. 오랫동안 끈을 놓고 있 던 공부라, 책만 보면 졸음이 오고 머릿속에는 남는 것도 없었습니다. 그 럼에도 이런 내게 나를 가르치는 선생님들은 항상 비전을 제시해주며 더 열심히 노력하라고 당부해주셨습니다. 모두가 맞는 이야기였습니다. 젊 은 학생들과 같이 공부하려면 더 많이 읽고, 실습도 더 열심히 참가해야 만 했습니다.

　가족들의 후원도 적지 않았습니다. 아내는 밤낮없이 공부에 매진하는 제 모습을 보며 "그런 식으로 공부를 하면 사법고시도 걱정 없겠다"라는 농담을 던져주었습니다. 이것이 그 누가 건넨 격려보다 더 큰 힘과 용기가 되었습니다. 아내는 내가 공부를 하면서 부담을 갖지 않도록 많은 배려를 해주었던 것입니다.

그렇게 1년의 시간 동안 어려움이 없었던 것은 아닙니다. 하지만 이 노력의 결과 저는 전기공사 기능사 자격취득과 산업기사 필기 1차 시험 합격이라는 큰 소득을 얻게 되었습니다. 또한 무엇보다도 전기 분야의 기능을 거의 완전하게 습득할 수 있었던 것이야말로 가장 귀한 노력의 결과일 것입니다.

지금 저는 작은 전기공사업체에서 일을 하고 있지만, 어느 정도의 실무 경험과 여건이 갖춰진다면 동일 분야에서 창업을 할 생각입니다. 제게 새로운 삶의 기회를 제공해준 한국폴리텍대학에서의 생활은 지금도, 그리고 앞으로도 절대로 잊을 수 없는 크나큰 경험일 것입니다.

미래에 대한 준비를 확고하게 만들어준 한국폴리텍대학과 선생님들, 그리고 곁에서 항상 힘이 되어준 가족들, 나아가 함께 공부한 동기들에게 진심으로 감사의 인사를 드립니다. 선생님들, 내년 스승의 날에는 꼭 한번 찾아뵙고 인사드리겠습니다. 감사합니다!

마흔둘에 되찾은 나의 인생

공 · 과 : 멀티미디어공과
졸업년도 : 20002년 15기
성 명 : 박 경 란 (42세)
근무처 : 석기시대(광고제작회사)

　몇 년 전 2월, 그간 평온했던 우리 가정에 싸늘한 바람이 불기 시작했습니다. 남편이 불가피한 이유로 직장을 이직하면서 예전보다 훨씬 부족한 수입으로 살아가게 된 것입니다. 갑자기 가계가 기울면서 가족 간에 작고 큰 불화가 생겼고, 저 역시 당장이라도 일을 하러 나가고 싶은 생각에 혼자서 이것저것 노력했지만 생활은 더 나아지지 않았습니다.

　다행히 시댁의 도움으로 경제적으로 다시 안정을 되찾았음에도 불안감은 점점 더 커져만 갔습니다. 행여나 남편이 일을 하지 못하게 될 경우 아이들 학비는 어떻게 해야 하나, 과연 나는 집안에서 가정 일만 하고 살아가는 것이 맞는 것인가 하는 고민들을 처음으로 진지하게 해보게 된 것입니다.

저는 고등학교 졸업과 결혼 이후 직장과 집안일로 변변한 제 일을 갖지 못한 채 오랜 시간을 보냈습니다. 그래서 평소 하고 싶었던 컴퓨터 공부를 하기로 결심했지만, 아이들 키우랴, 집안 건사하랴, 계속해서 미루기만 했습니다. 그러다가 외출을 하러 시내에 나갔는데 친구의 아파트 입구 게시판에서 한국폴리텍대학의 학생 모집광고를 보게 되었습니다.

무엇보다 제 눈을 고정시킨 것은 '국가에서 등록금을 지원한다' 는 내용이었습니다. 또한 평소 공부하고 싶었던 컴퓨터 관련 학과들이 눈에 들어왔고 통학 거리도 20~30분이면 멀지 않은 거리였습니다.

그걸 보는 순간 뭔가 눈이 번쩍 뜨이는 기분이었습니다. 그래서 그날부터라도 당장 입학을 준비하기로 결심하고 남편과 아이들에게 나의 뜻을 밝혔지만 남편과 아이들의 반응은 너무 실망스러운 것이었습니다. 남편도 아이들도 "에이, 엄마가 지금 시작해서 어떻게 젊은 애들을 따라잡아.", "집안일하고 공부하면 얼마나 다닐 수 있겠어." 하는 식의 반응이었던 것입니다. 하지만 막상 제가 입학지원서를 준비하고 하나씩 빈 공간을 채워나가는 것을 보면서 아이들도 궁금한지 이것저것을 물어보며 호기심을 보였습니다. 매일 밥하고 빨래만 하던 엄마가 공부를 하겠다고 하니 신기하고 이상했던 모양입니다.

그렇게 어렵게 입학원서를 내고 결과를 기다리던 와중 입학처에서 연락이 왔습니다. 높은 경쟁률에도 불구하고 합격했다는 내용이었습니다. 그날 저녁 합격 결과를 가족들에게 이야기하자 가족들의 눈이 휘둥그레졌습니다. 그 휘둥그레진 눈을 보는 순간, 왜 그렇게 기쁘고 눈물이 나던지요.

하지만 처음 들어간 학교생활은 순조롭게 진행되지 않았습니다. 아들 또래의 학생들과 생활하는 것도 어려웠지만, 고등학교 졸업 이후 20여 년 만에 수업을 듣는 것도 쉽게 적응되지 않았기 때문입니다. 그럼에도 교수님들과 여러 차례의 상담 결과 많은 용기를 얻을 수 있었으며, 가족들의 기대하던 얼굴이 떠올라 이대로는 포기할 수 없다는 생각이 들었습니다.

그렇게 1달이 지나고 차츰 시간이 지나면서 조금씩 상황이 달라지기 시작했습니다. 일단 공과 학생들과 친숙해지고 함께 이야기꽃도 피우고, 과 생활에 재미를 붙이자 어렵던 공부도 조금씩 이해가 가기 시작했습니다. 하지만 무엇보다도 큰 성과는 공부를 하는 동안, 저 스스로 새로워진 내 존재를 느끼고 자신감을 되찾을 수 있었다는 점입니다.

결혼 이후 지난 19년 동안 잊고 살았던 '나' 라는 존재, 그것을 다시 돌아보게 된 것만 해도 행운이 아닐 수 없었습니다. 결혼하고 아이를 낳은 뒤로 저는 으레 타인들로부터 '아무개 엄마' 인 사람이었습니다. 아이들이 어렸을 때도, 컸을 때도 마찬가지였습니다. 하지만 학교에서만큼은 저도 '박경란 씨'로 통할 수 있었습니다. 처음에 교수님들이나 과 선후배들이 '박경란 씨' 하고 내 이름을 부르면 깜짝 놀라고 혼란스럽곤 했습니다. 내가 아닌 다른 사람을 부르는 것 같아서 대답도 제대로 못한 적도 한두 번이 아닙니다. 이 때문에 때때로 교수님이나 친구들의 경우 저를 호명할 때 제 이름을 여러 차례 반복해서 불러야 한 적도 있었습니다.

그렇게 학교 생활에 적응하게 될 무렵 또 하나의 욕심이 생겼습니다. 19여 년 만에 되찾은 내 존재를 그대로 흘려보낼 수는 없었습니다. 입학 당시에는 그저 하고 싶은 공부를 하겠다고 했지만, 이제는 내 일을 갖고 싶다는 생각이 들었습니다.

이 사실을 가족들에게 말하자 가족들도 걱정 반 기대 반이나마 제 의견을 지지해주었습니다. 단 한 사람, 남편의 걱정이 컸지만 그마저도 제 결심 앞에서는 결국 백기를 들고 말았습니다.

우선 저는 현장 실습 등에 빠지지 않고 참여하는 동시에 가능한 한 유용한 자격증을 취득하자고 마음먹었습니다. 비록 뒤늦은 공부였지만 열심히 공부에 매진했고, 어린 친구들도 나를 친구로, 누나로, 엄마로 생각하며 많은 도움을 주었습니다. 그 결과 저는 졸업을 앞두고 컴퓨터그래픽스운용기능사와 정보처리기능사 자격증을 취득할 수 있었습니다.

지금 저는 충주의 한 광고디자인 회사에서 디자인 업무를 보고 있습니다. 또한. 이곳에서도 난 아무개엄마가 아닌 당당한 전문 직업인 '박경란 씨' 로 불립니다. 아직 지금의 직장생활이 우리의 가정 경제에 큰 도움은 되지 않지만, 그럼에도 저는 이 일을 하면서 남편의 직장생활을 더 잘 이해할 수 있게 되었습니다. 덕분에 최근에는 남편과도 더 좋은 인생 동지가 되고 서로 고민을 나누는 사이가 되었습니다. 또한 때로는 아이들에게 자신 있게 마음껏 용돈도 주는 '능력 있는 엄마' 가 되었습니다.

하지만 이 모든 것 이상으로 '아무개엄마' 가 아닌 전문 직업인 '박경란' 이라는 내 이름 석 자와 인생을 되찾은 것 같아서 행복할 뿐입니다.

지금도 주변을 둘러보면 많은 가정주부들이 자기 존재를 잊고 살아가는 모습을 보게 됩니다. 그럴 때면 나는 잃어버린 나를 찾자고 그들에게 달려가 외치고 싶습니다. 온종일 집안에 갇혀 아이들과 남편만 기다리는 삶을 박차고 나가자 새로운 세상이 열렸음을 온 마음을 다해 이들에게 전해주고 싶습니다.

방황의 시간을 마치며

공   과 : 산업설비공과
졸업년도 : 2003년 16기
성   명 : 홍성현(27세)
근 무 처 : 상록 리조트

저는 초등학교 6년 동안 야구부에서 활동했습니다. 그 때문에 공부보다는 운동에 전념했고, 때문에 기초 실력이 많이 부족해 중학교에 들어가서도 좋은 성적을 내지 못했습니다. 그나마 아버지가 살아계셨을 때는 집안 경제도 여유가 있었습니다.

그러다가 중학교 3학년 때 아버지께서 돌아가시면서 경제적으로 큰 어려움이 생기기 시작했습니다. 아버지가 생전에 사업을 하시면서 생겼던 빚이 통째로 얹혀진 데다 고등학생인 나, 중학생인 여동생의 학비와 생계를 위해 어머니께서는 밤낮으로 온갖 일을 다 하셔야만 했습니다. 서른이 넘은 지금도 이때 어머니께서 고생하시던 모습이 떠오를 때면 가슴이 너무 아파 절로 눈물이 흐르곤 합니다.

이 무렵 저는 조금이나마 어머니의 부담을 덜어드리기 위해 여러 아르바이트를 하며 생활비를 벌기 시작했습니다. 주유소부터 신문배달, 우유배달까지 어린 나이에 할 수 있는 아르바이트는 모조리 다 해보았습니다.

나아가 대학 역시 수업료가 적은 국립 전문대를 선택하여 입학했지만, 군대를 제대한 후 취업에 대한 고민이 생기기 시작했습니다. 성격이 급한 편이고 호기심이 많으며 손으로 만지작대는 걸 좋아하는 편이라 가만히 앉아서 하는 공부는 별로 적성이 맞지 않는 것 같았습니다. 게다가 지방의 전문대를 졸업한다고 해서 취업이 100% 보장되는 것도 아니었습니다. 그래서 고민 끝에 내린 결론은 기술을 배워 자격증을 취득해야 되겠다는 생각이었습니다.

그때 마침 큰아버지께서 저희 집을 찾아오셨습니다. 그리고 저에게 한국폴리텍대학에 가보는 것은 어떻겠냐고 말씀하셨습니다. 처음에는 큰 관심 없이 들었지만, 시간이 지나면서 기술을 배우는 것도 좋겠다는 생각이 들었습니다. 그래서 복학을 권하시는 어머님을 어렵게 설득시켜 새로이 한국폴리텍대학에 들어가겠다는 뜻을 밝혔습니다.

그렇게 산업설비학과에 입학하고 나서 저에게는 새로운 생활이 시작되었습니다. 일단 통학 거리가 멀어서 학교 기숙사에 들어갔는데 꽉 짜여진 통제가 왠지 답답하게 느껴지기도 했지만 공부에 집중할 수 있는 분위기라서 마음에 들었습니다. 또한 현장 위주의 실습 시간이 잦아 풍부한 경험을 할 수 있는 것도 좋았습니다.

때로는 예전의 느슨했던 생활이 그립기도 했지만 하루 하루 열심히 살아가는 친구들을 보면서 나 자신이 그동안 얼마나 나태하게 지냈는지를 돌이켜보게도 되었습니다. 그리고 눈 깜짝할 사이에 반 년이 흐르고, 그 기간 동안 저는 많은 부분이 변했습니다.

우선 적절한 시간 계획을 수립하고 그것을 실천하기로 다짐하고 내 자신의 진로를 곰곰이 생각하고 침착과 여유를 찾으려 노력하기 시작했고, 실제로 생활 패턴도 무척이나 규칙적이고 헛되이 쓰는 시간 없이 흘러갔습니다.

하지만 첫 번째 자격시험을 목표로 열심히 공부하고 노력했음에도 낙방의 고배를 마시게 되었을 때, 다시 한 번 절망하지 않을 수 없었습니다. 하지만 집에 계신 어머님과 고등학교에 다니는 여동생을 생각하며 다시 꾸준히 공부를 했고, 그 결과 가스기능사 및 공조냉동기능사 자격을 취득하였으며 현재 한 리조트 회사의 시설 팀에서 좋은 대우를 받고 근무하게 되었습니다.

지금 회사에 근무하면서 느끼는 것이지만 한국폴리텍대학으로의 전환은 제 인생에서 가장 올바른 선택이었습니다. 같이 대학에 들어간 친구들보다도 먼저 취업을 하여 집안의 생계를 책임질 수 있게 되었기 때문입니다. 또한 철저한 현장 중심의 학습 덕에 회사에 입사하고 얼마 안 가 실력을 인정받고 회사에서 귀중한 재원이 되었다는 사실도 기쁘기만 합니다.

그간 우리 남매를 위해 고생하신 어머님을 이제는 아들이 편하게 모실 날이 얼마 안 남았다고 생각하니 마음이 한결 가볍고, 일에 대한 보람도 다른 사람들보다 클 수밖에 없는 것 같습니다.

학과에 재학하는 동안 어려운 여건 속에서도 매번 포기하시지 않고 희망과 용기를 주신 선생님들과 동고동락하며 학업을 했던 동기생들에게도 고맙다는 인사를 전하고 싶습니다.

노력의 결실

공 과 : 산업설비공과
졸업년도 : 2000년 13기
성 명 : 김 병 진 (44세)
근 무 처 : (주)정선기전

지금 제가 다니는 직장은 41살이 되어서 새로 취업한 곳입니다. 저는 IMF 외환위기를 맞으면서 13년 동안 몸담아 왔던 회사를 퇴직했고, 그 순간 망망대해에 던져진 보트피플이라도 된 느낌이었습니다.

그때만 해도 저는 직장을 단순히 생계수단으로만 생각했습니다. 또한 정년만 허락된다면 뒤로 물러서지 않고 계속 앞으로만 나아가는 것으로 여겼습니다. 하지만 IMF가 터지고 나자 우리 회사 역시 경영 악화를 겪었고, 그 결과 98년 말 1차 감원으로 직원을 대폭 감소하게 되었습니다. 다행히 저는 이 1차 감원에서는 제외되었지만, 그로부터 1년 뒤인 99년 말에 감원 대상이 되고 말았습니다. 정말이지 눈앞이 캄캄해지는 순간이었습니다.

그렇게 어이 없이 직장을 잃고 난 뒤 제가 제일 먼저 한 일은 1년 전에 1차로 감원되었던 직장동료들 만나보는 일이었습니다. 어떤 동료는 그때까지도 직장 없이 지내는가 하면, 어떤 동료는 직업훈련을 받아 자격증을 2, 3개씩 취득하여 재기의 길을 힘차게 걷기도 했습니다.

저 역시 이 무렵 수많은 고민에 빠졌습니다. 그간 모아둔 돈으로 자영업을 해볼까 아니면 직업 훈련을 받아볼까 고민하던 와중 한국폴리텍대학에 대한 자료를 인터넷에서 우연히 발견했습니다. 그간 저는 국가에서 운영하는 기술대학은 소규모만 있는 줄 알았는데, 한국폴리텍대학은 훌륭한 커리큘럼을 저렴한 학비로 제공하고 있다는 사실을 깨닫고 이곳에 입학하기로 결심하였습니다.

그렇게 진학 상담을 받으면서도 처음에는 이분들이 과연 내게 얼마나 도움을 줄 수 있을까 반신반의하는 마음, 그리고 또 한구석에는 내 처지가 처량하게만 느껴졌습니다. 번듯한 대학을 졸업하고 직장에 입사해 능력 있는 사람이라는 평가를 받던 내가 무직자 처지가 되고 보니 생각할수록 서러운 생각이 든 것입니다.

하지만 그렇다고 무작정 실직자로 있을 수도 없는 노릇이었습니다. 그래서 일단은 비록 시간과 비용을 투자해야 하겠지만 한국폴리텍대학에서 제대로 된 기술을 배워 평생 직업을 마련해보자는 다짐으로 입학원서를 제출하기로 마음먹었습니다.

나아가 진학 상담 선생님으로부터 끝까지 하겠다는 각오가 아니면 아예 시작하지 말라는 충고도 들었습니다. 이제 막 대학에 입학한 어린 친구들도 있고 재취업자 등 나이와 학력이 다양하니 이들과 잘 어울리고 함께 공부할 다짐이 아니면 쉽지 않은 여정이 될 수도 있으리라는 것입니다.

그 말을 듣고 걱정이 되기는 했지만 그것은 기우였습니다. 처음 입학해서 누구보다도 열심히 공부해 고작 반 년도 안 되어 2개의 자격증을 취득하고 보니 마음이 달라지기 시작했습니다. 앞으로 남은 반년 동안 최대한 많은 자격증을 취득하자는 결심이 선 것입니다.

그 와중에 실업자인 저를 대신해 중등교사 임용고시를 준비하던 아내가 어려운 살림과 미래에 대한 불안감 등으로 인해 신경쇠약 증세로 쓰러져 입원하게 되었습니다. 든든한 버팀목이었던 아내가 아픈데도 학교를 마쳐야 한다는 욕심에 마음만 바쁠 뿐이었습니다. 그러다가 겨우 아내가 퇴원한 후에야 다시 공부를 시작할 수 있었습니다. 다행히 공과 공부와 실습은 회사 경력이 있어서인지 그런대로 잘 쫓아갈 수 있었고, 1년이 지나자 입학 당시 계획하였던 목표를 초과하여 7개의 자격증을 취득할 수 있었습니다.

또한 현장 위주의 실습을 통해 보다 철저하게 기능을 익히고 숙련된 시각과 기술을 갖출 수 있었습니다. 지금 생각하면 이 모두가 한국폴리텍대학의 훌륭한 커리큘럼, 나아가 열성적인 선생님들의 덕분에 가능했다는 생각이 듭니다.

하지만 막상 취업을 하기 위해 이력서를 제출했을 때 또 한 번의 난관이 닥쳤습니다. 나이가 많다는 이유로 번번이 취업을 거절당하게 된 것입니다. 이런 상황이 되자 "열심히 공부하고 아무리 자격증을 많이 취득하였다고 해서 무슨 소득이 있는가" 하는 회의감이 생기기 시작했습니다. 그러나 이 어려움 또한 주변의 도움으로 극복할 수 있었습니다. 용기를 잃지 말라는 동기들, 교수님들의 격려와 여러 기업체를 소개해주신 취업담당 교수님의 노고 덕분에 청주 송정동에 소재한 한 전기회사에 면접을 본 후 당당하게 입사하게 된 것입니다.

예전의 저는 한 직장을 평생직장으로 생각하며 열심히 다니던 모범생이었습니다. 하지만 현재는 산업사회의 급속한 변화로 인해 평생직장이라는 의미가 많이 퇴색되고 있음을 온몸으로 깨달았습니다. 또한 한국폴리텍대학에서 공부하는 동안 자신의 적성에 맞고 자부심을 느낄 수 있는 기술이 얼마나 중요한지를 깨달았습니다.

이제 저는 언제 이직을 하더라도 이에 대응할 수 있는 만반의 준비를 평소부터 해나갈 생각입니다. 그리고 새로운 직장에 다니고 있는 지금도 이 직장에 만족하며 안일하게 일하지 않으려 합니다. 고단하고 힘겨웠던 시절, 한국폴리텍대학과 인연을 맺게 되어 많은 기술을 얻고 좋은 삶의 경험을 하게 된 것에 무한한 감사를 드립니다.

학력이냐 능력이냐

공 과 : 산업설비공과
과 정 : 기능사 양성 1년
성 명 : 우 형 균

우리나라는 오랫동안 학력 위주의 사회로 유지되어왔습니다. 어느 대학을 어느 학과를 나왔는가가 가장 중요한 판단 기준으로 자리 잡고 있었다는 의미입니다. 그러다 보니 대입 입시 지옥이란 말이 생길 정도로 부모님들은 자식들이 좋은 대학에 가기를 바라고, 고 3 학생들은 하루에 3~4시간 자면서 공부를 해서 힘겹게 대학에 들어가는 것이 다반사입니다. 그뿐입니까. 심지어 돈을 써서 불법으로 입학시키는 경우도 적지 않습니다.

하지만 지금 우리가 살고 있는 현실은 어떨까요? 대학, 아니 대학원을 나오고 심지어 유학까지 다녀와서도 직장을 구하기 위해 동분서주하는 사람들이 얼마든지 있습니다. 이는 급변하는 사회 환경에도 그 이유가 있지만, 적성과 능력을 고려하지 않고 대학만 들어가면 모든 것이 해결될 것이라는 생각을 가진 이들이 많기 때문에 생긴 결과이기도 합니다.

저는 한국폴리텍대학을 들어가서 공부하면서 일반 대학생들은 보고 듣지 못하는 많은 변화들을 깨달았습니다. 가장 큰 변화는 무엇보다도 학력사회가 능력위주의 사회로 재편되고 있다는 사실일 것입니다.

선진국이라 불리는 유럽의 경우를 봅시다. 프랑스와 독일, 영국의 경우 유구한 학문의 역사를 가졌음에도 대학 진학률은 우리보다 훨씬 낮다고 합니다. 이는 반드시 대학, 나아가 명문대학에 들어가야만 자신의 꿈을 펼칠 수 있다고 생각하지 않기 때문입니다. 이들은 예전부터 학력보다는 능력과 실력 위주로 사람을 평가해온 반면, 우리나라는 IMF라는 대란을 겪고 2000년대에 들어서야 서서히 학력보다는 능력으로 눈을 돌린 것입니다.

우리 한국폴리텍대학만 봐도 학력보다는 능력이 중요하다는 사실이 충분히 입증됩니다. 다른 대학교를 졸업하고도 다시 전문적인 기술을 배우기 위해 이곳에 입학한 분들이 적지 않기 때문입니다. 심지어 작년에는 수많은 재취직자들인 아저씨와 형들이 공부하고 자격증을 취득하고 취업을 나가셨다고 합니다.

얼마 전 저와 동기들 모두가 대규모 주공아파트 기관실로 산업체 견학을 다녀온 적이 있었습니다. 그런데 그곳에서 저희에게 성실하게 현장 실무를 설명해주신 분이 알고 보니 한국폴리텍대학교의 선배님이셨습니다. 그분은 작년에 한국폴리텍대학을 졸업하신 분으로, 일반 기업에 있다가 실직하신 후 우리 대학에서 다시 공부해 그곳으로 취업하신 것입니다. 또한 그분 말씀으로는 현새 한국폴리텍대학의 많은 재취업자들이 왕성하게 사회 활동을 하고 있다고 합니다.

능력 위주의 사회는 벌써 우리 앞에 성큼 와 있습니다. 그렇다면 이 같은 사회 트렌드에 대비하기 위해서는 어떻게 해야 할까요?

눈에 보이는 실리적인 공부, 현장에 풍부하게 대입할 수 있는 실용적인 공부를 배우는 것입니다. 한국폴리텍대학에서는 많은 자격증 취득의 기회가 주어질 뿐 아니라, 현장에서 배울 수 있는 모든 실무를 풍부하게 접할 수 있다는 장점이 있습니다. 이 기회를 놓치지 않고 열심히 공부하면 앞으로 능력 위주 사회에서 남보다 한발 앞서 갈 수 있다고 생각합니다.

미래를 대비하는 가장 진보적인 길, 한국폴리텍대학에서 많은 분들이 새로운 꿈에 도전하시기를 바랍니다.

신지식인 신인류 신사고의 조건 5가지

공 과 : 카일렉트로닉스
과 정 : 기능사 양성 1년
성 명 : 이정근

   21세기의 가장 중요한 화두 중에 하나가 바로 『신지식인 신인류 신사고』라는 말일 것입니다. 그렇다면 첫째, 신지식인이란 누구일까요?

   제 나름대로 신지식인이라는 정의를 생각해보니, 무엇보다도 독창성을 가지고 그 독창성을 활용하고 실천할 줄 아는 사람이라는 결론이 나왔습니다. 어떠한 분야에서 남이 도전을 안 하더라도 해내고야 만다는 생각으로 최선을 다하는 사람이 바로 신지식인이라 볼 수 있는 것입니다.

   두 번째 신인류는 고등동물로서의 인간, 그러나 단순히 주어진 삶만을 영위하는 것이 아니라 보다 나은 삶을 살기 위해 부단히 노력해서 지금의 사회를 이룩했고, 나아가 지금 이 시간에도 땀 흘리며 열심히 일하는 인간 군상을 의미하는 것일 것입니다.

로마의 마르쿠스 아우렐리우스라는 철학자는 "인간의 삶은 그 사람의 생각이나 행동에서 만드는 것이다."라고 말했습니다. 즉 앞으로 전진하고 발전하는 삶을 꿈꾸는 사람은 그 삶대로 사고하고 행동할 수 있는 깊은 내면의 힘을 얻게 되고, 그야말로 가장 진화한 신인류라고 할 수 있는 것입니다.

나아가 지는 세 번째 신사고야말로 위의 세 가지 중에 가장 중요한 화두라고 믿습니다. 앞에서 말한 신지식인이나 신인류는 바로 이 신사고를 통해 만들어지기 때문입니다. 그렇다면 과연 신사고는 어떻게 획득할 수 있는 것일까요?

예나 지금이나 인간의 능력에 대한 가장 단순하고도 정확한 옛말이 하나 있습니다. 바로 "사람은 마음먹기 나름"이라는 말입니다. 그것은 마음만 먹으면 무엇이건 할 수 있다는 이야기, 즉 인간의 마음이 가진 놀라운 힘을 보여줍니다. 인간은 자신이 가장 많이, 가장 자주, 그리고 가장 깊이 생각하는 쪽으로 끌립니다. 무언가를 생각하면 그것을 향해 끌려가고 그것을 이루기 위해 몸으로 행동하게 됩니다. 인간의 마음은 하나의 우주적 에너지와 같아서 항상 무언가를 향해 움직여가고, 그를 통해 놀라운 변화를 일으키기 때문입니다.

따라서 모든 것을 긍정적으로 생각하고, 원하는 걸 마음속 깊이 생각하고 또 생각하면 그 바람이 어김없이 현실로 나타날 수밖에 없습니다. 즉 원치 않는 것을 떠올리며 걱정할 시간에, 하고 싶고 갖고 싶은 것을 생각해야 합니다. 즉 긍정적인 무의식이야말로 성공을 위한 사고의 원천인 셈입니다.

사람의 마음은 빙산과 같습니다. 밖으로 드러난 부분, 즉 의식이 더 잘 알려져 있지만 더 큰 영향력을 가지는 것은 감추어진 부분인 무의식입니다. 의식적인 생각은 무의식적인 생각을 형성하는데 기여합니다. 클로드 브리스톨은 〈믿음의 요술〉이란 책에서 이렇게 말했습니다. "의식이 생각의 원천이라면 무의식은 힘의 원천이다."

한국폴리텍대학에 들어와서 제가 느낀 것도 바로 이 점이었습니다. 기술을 익히고 더 나은 삶을 위해 전진하는 동기들과 선후배들을 바라보며 생각에 따라 무의식 속의 프로그램이 만들어지고, 그것이 삶을 변화시키는 추동력이 된다는 것을 배웠습니다.

즉 성공한 사람들, 행복한 사람들은 손이나 발보다 먼저 마음을 사용합니다. 목표가 있을 때 주저하지 말고, 그것이 이미 성취된 것처럼 무의식에 새겨 넣는 일이 필요한 것입니다. 자신만만한 사람이 되고 싶다면 끊임없이 스스로를 자신감 넘치는 사람이라고 상상하고, 당당히 취업을 원한다면 이미 그 목표가 이루어진 것처럼 생각하고 도전해야 합니다.

그리고 저는 한국폴리텍대학이야말로 그 상상과 자신감을 현실로 만들어갈 수 있는 가장 훌륭한 장이라고 감히 확신합니다. 이곳에는 두려울수록 당당히 맞설 수 있는 힘, 정면으로 부딪치고자 하는 용기를 가지고 학교에 들어온 친구들이 많기 때문입니다.

미래란 언제나 예측불허 입니다. 그리하여 생은 그 의미를 갖는 것입니다. "운명은 마음이 만든다" 는 말을 스스로 되뇌며 보낸 지난 1년이 지금의 저를 있게 했다고 생각합니다.

행여 주저하고 두려운 마음이 있다면, 지금 당장 한국폴리텍대학에 대해 알아보십시오. 여기에는 도전할 수 있는 기회가 있습니다. 여러분의 상상력을 펼치십시오. 기회를 잡으십시오.

투철한 장인정신과 직업의식

공 과 : 카일렉트로닉스
과 정 : 기능사 양성 1년
성 명 : 한 천 석

투철한 장인정신과 직업의식, 이 두 가지는 기능인이 자신의 삶을 열어 가고 미래를 준비하는 데 반드시 필요한 요건이라고 할 수 있습니다. 우선 투철한 장인정신이란 자기가 맡은 분야의 일이라든지 또는 자기 자신이 목표를 세워 하고자 하는 도전 분야에 관해 철저하게 임하는 마음가짐이라고 생각합니다.

그렇다면 투철한 장인정신을 얻기 위해서는 어떤 조건이 필요할까요? 저는 투철한 장인정신을 얻기 위해서는 3가지 조건이 갖춰져야 한다고 생각합니다. 물론 더 많은 요구 사항이 있을 수 있으나 저는 가장 기본적으로 생각되는 제 소견을 말씀드리겠습니다.

첫 번째는 '자신의 일을 즐기는 것' 입니다. 왜냐하면 자기 자신이 싫어

하는 일에 누가 도전하며 그 분야에 종사하겠습니까? 당연히 힘든 일이더라도 그 일이 재밌고 마음 한구석을 뿌듯하게 해주는 보람을 느낄 수 있다면, 그것이야말로 투철한 장인정신의 첫 단계라고 생각합니다.

두 번째로는 '집중력'이라고 생각합니다. 얼마만큼 자신의 일에 집중해서 자신의 일에 투자했는지, 내 작업이 얼마나 만족스럽게 완성되었는지는 항상 과정과 결과가 말해주기 때문입니다. 따라서 자신의 것을 만들듯이 정성스레 의뢰인의 일을 해준다면 그 사람은 투철하고 참다운 장인정신이 있는 것입니다.

세 번째로는 '깨끗한 마무리'라고 생각합니다. 아무리 정성스레 일을 잘했어도 뒷마무리가 깔끔하지 않다면 하지 않은 것보다 못한 셈입니다.

나아가 이처럼 투철한 장인정신을 현대화 시대에 맞게 바꿔 보자면, 한마디로 '서비스 정신'으로 귀결될 것입니다. 자기 일에 자부심을 가지고, 의뢰인이나 손님에게는 친절로 최선을 다해주는 것, 그것이 제가 생각하는 현대인의 장인정신일 것입니다.

그렇다면 마지막으로, 직업의식은 무엇일까요? 공통적으로 많은 이들이 직업의식에 대해, 높은 직위에 오르고 많은 부하 직원을 두고 많은 돈을 받는 직업만이 성공한 직업이라고 생각합니다.

하지만 과연 이것만이 전부일까요?

물론 그런 이런 직업들은 대단해 보이고 프로페셔널하게 여겨지지만 그것만이 직업의식의 가장 높은 단계라고 보기는 어려울 것 같습니다.

이른 아침 일어나 거리를 치우는 청소부라도, 주유소에서 기름을 넣는 사람도, 연탄을 배달하고 파는 연탄장수도, 나아가 빛을 보기 힘든 직업일지라도, 투철한 장인정신으로 자기의 일에 자부심을 가지고 자기 일에 충실하면 그 일이 빛을 발하는 일이 되는 것입니다.

만약 무슨 일을 하고 싶은데 남들 눈을 의식해서 그 일을 회피한다면, 누군가는 당신보다 나은 직업의식으로 그 일에 도전하여 성공해 있을 것입니다.

따라서 지금이라도 지금 도전한 일, 혹은 앞으로 도전할 일에, 스스로 남의 눈을 의식하지 않고 그 일에 얼마나 즐기고 집중하며 자부심을 가지고 생활하는지를 생각해봐야 합니다. 또한 투철한 장인정신과 직업의식이 어떻게 머릿속에 새겨 있는지를 생각해봐야 합니다.

한국폴리텍대학은 바로 이 귀중한 깨달음을 저에게 안겨준 학교입니다. 처음 학교에 들어가서 혼란스러웠던 마음은 자신의 기술에 모든 것을 걸고 매진하는 친구들을 보면서 차츰 안정을 되찾을 수 있었습니다.

지금 이 순간, 내가 서 있는 자리에서 최선을 다한다면 장인과 같은 직업인으로 성장할 수 있다는 굳건한 믿음, 그것이 바로 한국폴리텍대학이 제게 준 가장 큰 선물일 것입니다.

자신감으로 고정관념을 깨자!

공 과 : 전자통신
과 정 : 실업자재취직
성 명 : 김 효 진

　세상에서 가장 무서운 족쇄는 바로 고정관념입니다. 어차피 노력해도
안 된다는 생각, 나는 가진 것이 없는 사람이라는 생각, 아무리 열심히 해
도 사회의 벽을 넘을 수 없으리라는 생각, 이 모든 고정관념이 우리의 발
전을 제한하고 막아서는 가장 무서운 장애물인 것입니다.
　인간은 누구나 재능을 가지고 태어납니다. 나아가 때로는 스스로도 그
재능을 모르는 경우가 많습니다. 환경이라는 장벽, 스스로를 제한하는
고정관념이 무한대로 발전할 수 있는 그 능력을 꺾어버리는 것입니다.

　저 또한 한국폴리텍대학을 들어오기 전까지만 해도 이런 고정관념으로
스스로를 제한하며 자신 없는 모습으로 살았습니다. 하지만 이곳에 들어
와 공부를 시작하면서 제가 몰랐던 저의 면모를 알게 되었습니다. 바로

제가 맡은 일에서만큼은 최선을 다하는 성격과 새로운 일을 하는 데 두려움이 없다는 점이었습니다. 그 누구도 발견해주지 않았던 제 장점을 스스로 알게 되자 자신감이 붙고 저 자신, 그리고 미래에 대해서도 더 깊게 생각하게 되었던 것 같습니다.

그러던 얼마 전 티브이에서 광고 하나를 보고 더 깊이 깨닫는 바가 있었습니다. 눈이 좋지 않은 사람이 군대를 가고 싶어서 시력 검사 지령을 외우려 하다가 결국은 자신 있게 자신의 약점을 말한다는 내용이었습니다. 저는 이처럼 자기 처지와 위치를 자신 있게 말할 수 있는 사람만이 차후에는 그보다 나은 장점을 발견해 꿈과 야망을 이룰 수 있으리라 생각합니다.

숫자 2.5를 생각해봅시다. 숫자 3보다 작고 2보단 큰 숫자 2.5는 늘 자신보다 두 배나 큰 숫자 5에게 괴롭힘을 당했습니다. 숫자 5는 덩치도 크고 잘생기고 무엇을 해도 숫자 2.5보다 두 배나 되기 때문에 2.5는 늘 5를 이길 수 없다고 생각했고, 그래서 5앞에 서면 늘 의기소침해지고 머리 숙여 인사를 하곤 했습니다. 2.5의 꿈은 5처럼 멋지고 공부도 잘하고 힘도 세고, 할 줄 아는 것도 많은 것이었습니다.

그러던 어느 날, 2.5는 자신의 고정관념을 깨기로 결심했습니다. 늘 자신을 작게만 느끼게 했던 "나는 5를 이길 수 없어……."라는 생각을 떨쳐

버리고 당당히 숫자 5의 앞으로 걸어갔습니다. 그러자 숫자 5는 기분 나쁜 얼굴로 말했습니다.

"야~~~!! 너 왜 나한테 인사 안 하냐?"

그러자 2.5는 예전과 달리 자신감에 차서 이렇게 말했다고 합니다.

"야~! 까불지 마, 나 오늘부터 점 뺐어!"

숫자 2.5는 자신의 점을 과감히 빼버림으로써 숫자 5보다 5배나 큰 숫자가 될 수 있었던 것입니다.

난 할 수 없어, 난 키가 작아, 난 공부를 못하니까, 난 배운 게 없으니까, 난 약하니까…….

이 모두가 우리를 제한하는 점입니다. 그리고 이 점 하나의 차이가 한 사람의 미래를 바꾸어 놓을 수도 있습니다. 무한한 가능성과 잠재력, 그리고 할 수 있다는 자신감은 젊은이에게 주어진 특권 중에 하나가 아닐까요? 성취하는 감동은 젊은이의 실천하는 자신감에서 비롯되기 때문입니다.

한국폴리텍대학의 친구들은 스스로에게 "난 위대하다! 난 세계 제일이다"라고 말해도 부끄러움이 없는 이들입니다. 자신을 긍정하고 매진하는 사람만이 원대한 꿈을 이룬다는 것을 한국폴리텍대학의 학생들은 누구보다도 잘 알고 있습니다. 학업의 어려움도, 한 순간의 불안도 모두가 지나가는 것입니다. 한국폴리텍대학에서 새로이 열어가는 긍정의 길을 여러분에게도 권하고 싶습니다.

한국폴리텍대학에서 찾아가는 건강한 미래

한 인간이 훌륭한 삶을 살아나가는 데 잊지 말아서는 안 될 중요한 사실이 하나 있습니다. 인간은 항상 선택 앞에 서게 되며, 자신의 삶을 이끌고 가는 주인은 누구도 아닌 그 자신이라는 점입니다.

그것은 직업에서도 마찬가지입니다. 우리는 여러 이유로 지금의 삶이 기대보다 못하다고 실망하기 쉽습니다. 지금 이 직업은 내가 좋아했던 것이 아닌데, 내 주변 환경이 지금보다 좋았더라면 더 나은 삶을 살 수 있었을 텐데…….

하지만 조금만 더 깊이 생각해보면 사실상 지금의 상황을 선택한 주체는 그 누구도 아닌 자신임을 깨닫게 될 것입니다. 나아가 지금 내가 해야할 일은 후회나 미련이나 원망이 아닌, 현재의 상황을 받아들이고 이 안에서 최선을 찾아가는 것임도 깨닫게 될 것입니다.

한국폴리텍대학은 새로운 미래의 지도를 그려나가고자 하는 사람들이 모이는 곳입니다. 지금껏 세상을 변화시켜온 기술의 힘과 자신의 선택을 믿고, 부단한 노력을 통해 자신의 삶의 성취를 일궈가고자 하는 이들의 장입니다. 이제 막 꿈을 펼쳐나갈 젊은이들은 물론, 새로운 미래를 그려나가고자 하는 누구에게나 기회를 열어주는 곳입니다.

시대는 변하고 있습니다. 과거 기술직의 어려움은 이제 나날이 발전하는 신기술 시대에서는 오히려 고난을 이겨온 훈장이 될 것이며, 한국폴리텍대학과 이곳의 학생들은 앞으로 더 나은 환경에서 일하고 꿈꾸고 살아가게 될 것임을 믿어 의심치 않습니다.

이 책을 쓰면서 많은 분들께 빚을 졌지만, 무엇보다도 한국폴리텍대학에서 미래를 일궈가는 모든 학생 분들에게 큰 빚을 졌습니다. 이 책이 한국폴리텍대학을 널리 알리는 데 도움이 되고, 나아가 기술의 진보와 함께 자신의 역사를 일궈가고자 하는 모든 기술인재들에게 희망이 되기를 바랍니다.

"교육계에 'NATO' 고질병 만연
〈No Action Talk Only〉
산업계 요구 맞춤형 인재 길러낼 것"

박종구 폴리텍大 신임 이사장

"국내 교육계는 실행은 하지 않으면서 번 드르르한 정책들만 늘어놓는, 고질적인 '나토(NATO·No Action Talk Only)' 관행이 만연해 있습니다. 실용적인 인재 를 원하는 사회와 산업계의 변화를 따라 가지 못하고 있죠. '반값 등록금' '전면 무 상급식'과 같은 논쟁들도 결국은 교육계 가 교육의 질을 높이지 못한 데서 비롯된 부분이 상당하다고 봅니다."

박종구 한국폴리텍대 신임 이사장(53 ·사진)은 24일 한국경제신문과 가진 인터 뷰에서 "한국 경제가 눈부시게 발전한 것 처럼 교육도 양적으로 팽창해 왔지만 아 직 질적인 성장은 부족하다"며 이같이 말 했다. 그는 "대학의 재정 건전화나 현장 중심 교육 등으로 내실을 더 다져야 한다" 며 "폴리텍대는 산업계에서 원하는 맞춤 형 인재를 더욱 잘 길러내 고등교육의 변 화 트렌드를 선도하는 대학이 될 것"이라 고 강조했다.

박 이사장은 성균관대 사학과를 졸업 하고 미국 시러큐스대에서 경제학 박사 학위를 받았다. 아주대 교수, 국무조정실 경제조정관, 교육과학기술부 차관을 지 냈고 지난 20일 폴리텍대의 제6대 이사장 으로 선임됐다.

폴리텍대의 2010학년도 졸업생 취업 률은 84.6%에 이른다. 남인천캠퍼스 96.4%, 홍성캠퍼스 95.9% 등 6개 캠퍼스 가 취업률 90% 이상을 달성했고 성남캠 퍼스 시스템제어정비과와 바이오대학 배 양공정과 등 10개 학과는 취업률 100%를 기록했다.

박 이사장은 "해외 취업의 길도 넓히고 현장 밀착형 교육도 더욱 강화해 임기 3년 동안 전체 취업률을 90%까지 끌어올리 겠다"고 강조했다.

그는 폴리텍대의 장점으로 산업현장 을 캠퍼스로 쓰는 '팩토리러닝시스템'과 1200여명의 교수들이 1인당 10개 이상의 기업과 네트워크를 구성해 취업은 물론 경영컨설팅까지 주고받는 '기업전담제' 를 제시했다.

박 이사장은 "일반적인 전문대에 비해

○━ 한국폴리텍대학

2~3년제 대학으로 1980년 창원기능대를 시초로 설립되기 시작한 전국 18개 직업 훈련전문 기능대학이 통합돼 2006년 출 범했다. 현재 폴리텍1~7대와 섬유패션 대, 항공대 등 4개 특성화대학까지 11개 대학 34개 캠퍼스가 있다. 산업 일선 현장 에서 뛰는 중간 단계의 엔지니어 육성이 핵심적인 역할이다.

교육과정은 빡빡하지만 이런 점이 차별 화돼있기 때문에 졸업장만 받으려는 이 들보다는 '꼭 취업해야 겠다'고 마음먹 은 학생들이 많이 찾는다"며 "경력 전환 을 노리는 30대 이상 학생들도 다수"라고 전했다.

박 이사장은 폴리텍대의 약점으로 인지 도 부족과 기술인력에 대한 사회적인 저평 가를 꼽았다. 그는 그러나 "사회적인 분위 기가 실용적인 기술인재를 원하는쪽으로 바뀌고 있어 폴리텍대가 기존에 해오던 것 처럼 좋은 인재를 잘 육성한다면 브랜드 가치는 함께 올라갈 것"이라고 자신감을 드러냈다.

김현우 기자 hkang@hankyung.com

한눈에 그려보는
취업로드맵 Q&A

지피지기라면 백전백승이라는 말이 있다. 경제적 상황이나 주변의 시선에 쫓겨서 서둘러 취업전선으로 뛰어들기 전에 취업과 직장이란 무엇이며, 현재 우리 사회의 취업 지도가 어떻게 흘러가고 있는지를 살펴보는 것은 좋은 직장 구하기에 필수적인 단계일 것이다.

이 부록은 한국폴리텍대학은 물론 취업을 원하는 많은 이들에게 가장 현실적이고 핵심적인 취업로드맵을 제시하기 위해 만들어진 질문과 대답들이다. 취업전선에 관심을 가지거나 이 현실에서 취업전선을 뚫고 나가고자 한다면 하나씩 질문과 답을 확인하면서 취업로드맵을 잡아가는 이 코너가 큰 도움이 될 것이다.

1단계 Q : 회사들은 왜 인재를 채용하는가?

숲을 뚫고 지나가려면 우선 숲 전체의 그림을 파악할 필요가 있다. 취업도 마찬가지다. 취업을 단순히 먹고사는 일로만 여기기 전에, 취업의 실마리를 풀어가는 가장 첫 번째 관문이 무엇인지 주목해야 한다. 즉 어째서 우리는 취직을 하고, 어째서 회사들은 인재를 채용하려는지를 먼저 알아야 하는 것이다.

앞서 우리는 직업에 대한 새로운 개념 접근으로 취직에 대한 그림을 그려보았다. 그렇다면 이번에는 다른 질문을 던져보자. "회사는 어째서 직원을 채용하는가?"라는 질문이다.

A : 이 질문에 답하기 위한 가장 좋은 방법은 그 자신이 회사를 운영한다고 가정하는 것이다. 만일 당신이 새로운 비즈니스에 착수해 일정한 성과를 올렸다고 치자. 그래서 혼자 일하던 내용들을 회사를 차려 몇 사람을 더 동참시킬 계획을 세웠다. 이것이 바로. 회사가 구성되는 과정이다.

그렇게 해서 인터넷 등에 채용공고를 내려고 한다. 그렇다면 당신이 이렇게 직원을 채용하려고 하는 이유는 무엇인가? 머리 속에서 여러 생각이 떠오르는가? 어느 정도 감이 잡혔는가? 아마 여러 이유가 있을 수도 있지만 이 모두는 한 가지 근본목적을 베이스로 이루어진다. 바로 '회사는 이익을 내야 한다' 는 목적이다.

즉 회사가 직원을 채용하는 이유는 회사 자체가 이익을 내지 않으면 문을 닫을 수밖에 없고, 따라서 결원을 보충하거나 새로운 분위기 전환, 능력 있는 인재 채용 등으로 회사의 이익률을 상승시키기 위해서이다. 그냥 때가 돼서 분기마다 직원을 뽑는 회사는 없다는 의미이다.

따라서 취업에 도전하기 위해서는 무엇보다도 내가 그 회사의 어떤 부분에 기여하고 이익을 증대시킬 수 있는지를 잘 알고 도전하는 것이 중요하다.

많은 구직자들이 포트폴리오를 쌓기 위해 다양한 공부를 하지만 이런 스펙 쌓기가 실패로 끝나는 경우도 허다한데, 이는 막연히 '좋은 기업, 연봉 높은 기업'을 꿈꾸는 목표의 추상성에서 비롯되는 경우가 많다.

한 예로 대기업이라고 하더라도 그 안에는 다양한 부서들이 존재한다. 이 부서들이 맡고 있는 역할과 업무 종류는 세부적인 부분까지 나누면 무수할 정도이다. 그런데 막연히 '대기업'에 들어가겠다는 목표로 스펙을 쌓는다면 이는 실패할 가능성이 높다. 그렇다면 어떤 취업 전략으로 취업에 임해야 공든 탑을 무너뜨리지 않을 수 있을까?

A : 대부분의 취업 전략에서 가장 중시되는 것이 하나 있다. 바로 해당자의 전공이다. 즉 현명한 취업을 위해서는 애초부터 어떤 직종, 어떤 분야에서 일하고 싶은지에 대한 희망을 통해 자신의 전공을 선택하는 출발점이 중요하다. 실로 대학에 입학하는 경우 그 전공이 그 사람의 미래 직종이 될 가능성이 높기 때문이다. 이는 막연하게 남들이 좋다고 하니까, 그저 관심이 있어서 정도로 전공을 선택하는 최근의 경향을 재고해볼 필요가 있다는 의미이다.

나아가 유망산업을 살펴보려면 현재의 시점보다는 미래의 성장가능성을 고려하는 안목이 필요하다. 현재 기업환경은 글로벌 상황에서 치열한 경쟁을 피할 수 없게 되었다. 따라서 잠시간 떴다가 사라지는 기업들이 부지기수이고 이는 산업 분야도 마찬가지이다. 따라서 경제지나 글로벌 뉴스 등을 통해 산업의 전반적인 흐름을 파악해서 향후 전망이 밝은 분야를 선택하는 것도 중요하다.

또한 목표기업을 분석해서 큰 지도를 그려보는 것도 큰 도움이 된다. 이런 분석은 면접 시에 깊은 인상을 남겨 큰 효과를 발휘할 수 있다. 목표기업을 분석할 때는 하드웨어적인 부분(종업원 수, 매출액, 순이익) 등은 물론이고 그에 소프트웨어적인 부분(현재 실적과 전망, 경쟁사 현황, 제고점)을 파악해 제시해보면 좋다.

3단계 Q : 목표기업의 인재상을 파악했는가?

아마 입사지원서를 써본 사람이라면 누구나 '인재상' 이라는 단어를 들어보았을 것이다. 실제로 입사에서 빠지지 않는 조건 중에 하나가 바로 구직자가 그 기업의 인재상에 얼마나 가까운가이다. 기업 또한 사람과 비슷해서 그 나름의 개성과 성격이 존재하며 구직자 또한 이 같은 기업의 개성과 성격에 자연스럽게 녹아들어야 한다.

그렇다면 이 같은 인재상 파악과 습득은 어떤 과정을 통해 이루어져야 할까?

A: 한 예로 삼성의 인재상은 '창의, 열정, 소통, 가치창조' 다. 네이버의 경우는 '창의, 혁신, 도전과 열정, 겸손과 주인정신' 이 인재상이다.

이처럼 비슷한 것 같으면서도 세부적으로는 다른 기업마다의 인재상은 구직자들이 그 기업을 판단하는 잣대가 될 뿐 아니라 기업이 직원을 선택할 때도 중요한 기준이 된다. 따라서 각 기업마다 추구하는 인재상을 면밀히 파악해 그 키워드의 의미를 숙지하고, 나아가 해당 기업에서 인재로 알려진 이들의 실제적인 면접과 업무 일기 등을 수집해 읽어보는 것도 큰 도움이 될 것이다.

4단계 Q : 커뮤니케이션에 자신 있는가?

과거 기업문화는 권위적이고 상명하복에 충실했다면 소통과 혁신을 중시하는 최근의 기업문화에서는 가장 큰 직원의 덕목으로 커뮤니케이션 능력을 꼽고 있다.

이는 조직이라는 구조를 통해 움직이는 기업에서는 반드시 갖춰야 할 교양이며, 실로 아무리 실력 있는 사람이라고 해도 그의 능력이 조직 안에서 전파되고 발휘될 수 없다면 아무 소용이 없는 것이다.

그렇다면 이 커뮤니케이션 능력의 진정한 의미는 무엇이며, 어떻게 습득할 수 있을까?

A : 커뮤니케이션 능력이라는 것은 기본적으로 사람과 사람간의 소통을 의미한다. 이는 사교를 통해 서로의 교감을 확인하는 능력도 포함된다. 즉 조직 안에서 얼마나 화합하고 서로를 배려하며, 자신의 업무를 책임 있게 해낼 수 있는가 역시 커뮤니케이션 능력의 일부인 셈이다.

하지만 기업에서의 커뮤니케이션은 또 하나의 특징을 가진다. 조직의 화합이라는 감정적 면을 넘어 업무적인 면까지 연결될 수밖에 없다는 점이다. 예를 들어 아무리 일을 열심히 하고 사교성이 좋아도 협력 체제 안에서 자신의 업무 상황과 성과를 전달하고 피드백하는 능력이 없다면 그의 커뮤니케이션 능력을 다시 한 번 점검해볼 필요가 있다.

즉 기업에서 요구하는 커뮤니케이션 능력은 메일 쓰기나 프레젠테이션 업무 등의 기술적인 부분은 물론 이를 타인에게 전달하는 감정적 면까지 복잡다단한 면이 있는 만큼, 반드시 업무 커뮤니케이션에 필요한 툴 사용 방법을 익히고 조직 내 커뮤니케이션이 요구하는 다양한 사항들을 점검해보아야 한다.

5단계 Q : 서류전형과 면접에서 모든 것을 보여줘라

많은 구직자들이 서류전형과 면접에 두려움을 갖는다. 하지만 앞서 4단계를 체계적으로 학습하고 실천한 이들에게는 서류전형과 면접도 반드시 통과해야 할 하나의 관문으로 여겨질 것이다.

　최근에는 이력서를 대필해주는 곳도 있고 면접을 지도해주는 사설학원들도 생겨났을 만큼, 실로 서류전형과 면접은 취직의 중심 단계로서 다양한 기술들이 요구되는 부분이다. 그렇다면 어렵기만 한 서류전형과 면접은 어떻게 진행해야 할까?

　A : 서류전형이란 쉽게 말해서 이력서를 통해 자신의 장점과 비전을 회사 측에 전달하는 것을 뜻한다. 따라서 몇 장 분량의 종이 위에 자신을 얼마나 구체적이고 생생하게 담을지가 중요한 관건이 된다. 서류전형에서 반드시 참고해야 사항들은 다음과 같다.

　• 자신을 주인공으로 소설을 쓰듯 써라
　: 과거 자기소개서는 천편일률적으로 만들어지는 경우가 대다수였다. 하지만 취업불황 시대의 취업문은 정석적인 이력서 쓰기로는 돌파하기가 어렵다. 최근 들어 기업들이 추구하고 있는 것이 바로 '감성' 이다. 대량생산시대에 상품을 판다는 것은 결국 고객의 감성을 공략하는 일이기 때문이다. 이력서도 마찬가지다. 자신에 대한 소개를 스토리텔링 형식으로 구조화시키고 재미를 부여하면 훨씬 양질의 이력서가 탄생할 수 있다.

　• 겸손함 대신 성취와 성과로 무장하라
　: 과거에는 겸손함이 중요한 미덕이었다. 하지만 수직적 구조라는 한계

를 벗어나 수평적 구조를 지향하는 최근의 기업 환경은 '미덕' 보다는 '자신감' 을 요구한다. 자신감 넘치는 이력서를 쓰려면 자신의 경험을 최대한 가감 없이 반추해보고 그로부터 얻어낸 바는 무엇인지를 논리적으로 정리해보는 것이 큰 도움이 된다. 특히 자신이 배운 바를 회사에서 진행하게 될 업무와 연결시켜 설명하는 것이 좋은 인상을 줄 수 있다.

- 실질적인 증명서를 함께 제출하라

: 서류전형은 서류를 통해 자신을 인증하는 과정이다. 인증에서 필요한 게 무엇인가? 바로 인증서다. 마찬가지로 이력서에는 "저는 인간관계가 훌륭합니다."라고 백 번 말하는 것보다 인간관계와 관련된 프로그램 이수장 하나를 첨부하는 것이 훨씬 효과적이다. 외국어 능력이나 다른 능력들도 마찬가지다. 이력서를 쓸 때 인증서를 첨부하는 것에 인색하지 말아야 한다.

서류전형에서 통과했다면 그 다음은 면접이 시작된다. 면접이란 회사 측과의 실질적인 만남을 통해 자신을 어필하고 "어째서 내가 아니면 안되는가?"를 설명하는 설득의 과정이다. 무조건 자신감만 내비친다고 될 일도 아니며, 때로는 훌륭한 스펙을 가지고도 떨어지는 경우가 있는 게 바로 이 면접의 기술이 부족하기 때문이다. 참고해볼 만한 사항은 다음과 같다.

- 첫인상은 5초 안에 결정된다는 것을 명심하라

: 앞선 서류전형에서 우수한 성적을 받고도 면접만 보면 번번이 떨어지는 경우가 많다. 이는 다양한 이유들이 있겠지만, 놀랍게도 이미지로 그 승패가 결정되는 경우가 적지 않다. 즉 면접 시 보여준 첫인상과 이미지가 당락을 결정하는 것이다.

면접은 시험시간이 아니다. 시험시간에는 답안지만 잘 작성하면 높은 점수를 받을 수 있지만 면접은 연필 든 손이 아니라 온몸으로 답안지를 작성하는 시간이다. 즉 면접장은 "외모보다는 내면이 중요하다"는 훈훈한 미담이 통하지 않는 곳인 셈이다. 따라서 첫 5초 안에 자신의 이미지를 충분히 보여줄 수 있는 깔끔한 복장과 단정한 눈빛, 어투 등을 충분히 전략적으로 습득할 필요가 있다.

- 모든 것이 전략적이어야 한다

면접장에서 자신의 모든 것을 보여준다고 엄청난 준비를 해가는 구직자들이 있다. 그러나 안타깝게도 면접 시간은 5분을 넘기지 않는 경우가 많다. 이 짧은 시간 안에 많은 것을 보여주려면 모든 것이 잘 정돈되어 있어야 한다. 내 일거수일투족이 평가당하고 있다는 전제를 충분히 인지하고 오히려 계산적이고 전략적인 모습을 보여줘야 하는 것이다.

한 예로 자기소개는 80초를 넘기지 않는 것이 안전하며, 답변 끝에는 "감사합니다." 또는 "이상입니다." 등의 마무리를 넣는 것이 효과적이다.

질문을 받을 때는 1초나 2초 정도 여유를 두고 답하는 것이 좋으며, 질문을 받았을 때는 질문 자체를 넘어 질문의 의도를 파악하는 연습을 해두는 것도 좋다.

한국폴리텍대학,
평생직업에 마침표를 찍다

1판 1쇄 인쇄 ┃ 2011년 10월 15일
1판 1쇄 발행 ┃ 2011년 10월 20일

지은이 ┃ 이경수
발행인 ┃ 이용길
발행처 ┃ 모아북스 MOABOOKS

관리 ┃ 정 윤
디자인 ┃ 이룸

출판등록번호 ┃ 제 10-1857호
등록일자 ┃ 1999. 11. 15
등록된 곳 ┃ 경기도 고양시 일산구 백석동 1332-1 레이크하임 404호
대표 전화 ┃ 0505-627-9784
팩스 ┃ 031-902-5236
홈페이지 ┃ http://www.moabooks.com
이메일 ┃ moabooks@hanmail.net
ISBN ┃ 978-89-90539-99-1   03510